藍學堂

學習・奇趣・輕鬆讀

愛德華・狄波諾
EDWARD DE BONO
著

劉慧玉——譯

六頂思考帽

思考大師狄波諾
改變全世界的創新思維工具

全新修訂版

SIX THINKING HATS

不斷超越自我的思考方式

文｜梁文韜

　　《六頂思考帽》作者愛德華・狄波諾（Edward de Bono）大師曾被歐洲創新協會列為歷史上對人類貢獻最大的兩百五十人之一，狄波諾大師的貢獻在於——教導我們如何思考，讓每個人都有機會成為具備智慧的人，幫助大家成為對自己負責的思想家，而他的確是一位相當成功的教育家。

　　在我自己近二十五年來在大學通識課程教導學生「創意思考」的過程中，慢慢領會到《六頂思考帽》成功的兩個主因：

　　第一、狄波諾以創新的方法指導大家如何思考，跟
　　　　　「六頂思考帽」同樣有名的「水平思考」
　　　　　（lateral thinking）都是狄波諾創造出來用在思
　　　　　考教育的概念。運用比喻是顯現創造力的一種
　　　　　方式，六帽運用顏色來比喻不同的思維模式，
　　　　　乃一種嶄新的教導思考之方式，令人學會及牢

記六種基本思維模式及其中的異同。

第二、狄波諾用顏色來代表思維模式，是以簡單易懂的方式傳達意念。六種顏色的帽子能夠吸引大家注意，如果沒有聽過，你會好奇這是什麼，但切勿被《六頂思考帽》這個好玩的書名誤導，以為這只是適合孩童的玩意，其實它能讓每個人都一生受用。

六頂思考帽所代表的六種思維模式構成一個普世的思考框架，這裡所說的「普世」是指此框架適合所有具備人類智力之個體，而此適用性是跨越時空的，這也是為何近年仍有不少智性網路平台如 YouTube 依然推出關於六帽思考的介紹，大家對其之重視歷久不衰。

不過，若只將六頂思考帽框架視為工具是有點低估了其重要性，這個框架實際反映了人的各種思考潛能。如果讓此框架融入生活，大家會發現其中的助力有多大。每個人的成長背景不同，受教育的方式不同，天生喜好的思考模式不同，久而久之，我們會傾向偏重某幾種思維，但六頂思考帽框架強迫我們嘗試不同的模式，突破天生個性或後天教育對思考所產生的偏頗傾向。

一般而言，我們都會要求自己盡快切換不同思維模式，甚至同時運用不同思維模式去處理不同的事務，但狄

波諾大師以科學研究為基礎指出：人腦運作方式其實只能專注一種思維，所以要以分割形式進行。所謂的分割是「在同一時間內只進行同一種思維模式」。應用在兩個人或以上的團體討論時就衍生為具合作性的「平行思考（parallel thinking）」，參與討論的成員合作以同一思維模式來處理共同面對的課題，杜絕各自戴上不同顏色的帽子針鋒相對。結束同一思維模式討論後，再轉到另一種思維模式進行，如此類推，直到有具體結論為止。

　　若能夠靈活運用此框架，在過程中可以提升思考效率、降低做決定後所帶來的風險、開拓多元解決方案、同時兼顧理性及感性思緒、鼓勵正向思考及探索各種可能的負面衝擊。當中最值得一提的是紅色及綠色兩頂思考帽，在幾十年前那個只注重邏輯及理性思維的學術及社會環境下，狄波諾大師提出紅色思考帽代表的熱情與感性以及綠色思考帽代表的創造力與發散思考，開啟了人們對思考這回事不一樣的想像空間。後來由其他理論家發展出來的情緒智商及創意智商其實或多或少都受到了六頂思考帽框架中的紅色思考帽與綠色思考帽之啟發。

我們如何不被 AI 取代

　　踏入 2023 年，很多人認為人類最新的難題是「如何不被人工智能取代」。狄波諾在 2010 年一場題目為「再

思未來」的演講中指出，大家都以為氣候變遷是人類面對的最大難題，但其實最大的難題是「貧瘠的思考（poor thinking）」，「貧瘠的思考」是缺乏創造力的思考。

人類的確正在進入ＡＩ紀元，人跟人工智能機器的區別乃創造力。在很多方面，不少人的個人能力會被ＡＩ超越。可是由龐大資料庫的大型語言模式產生的智慧並非真正的智慧，那些資料庫中的知識之原創者畢竟是人類。在未來幾年內，大家要面對的不是人工智能會否取代人類，而是懂得借助人工智能的人將取代不會運用的人，只有具備足夠智慧的人才有能力面對人工智能的挑戰。

若然兩年前離開人世的狄波諾如今健在，（編按：狄波諾於 2021 年 6 月逝世）他的回應或許依舊是人類的最大難題是「貧瘠的思考」，而狄波諾遺留下來給我們的是──如何不斷超越自我的思考方式，在此衷心希望各位讀者及你的下一代都能從中獲得幫助，降低成為被取代的一份子之可能性。

（本文作者為台灣成功大學政治系教授，在成大、香港城市大學教授「創意思考」課程近 25 年，而「六頂思考帽」是其課程重要教材之一）

更多繽紛的看見，
更多幸福的遇見

文｜郝旭烈

　　在這個資訊爆炸，數據如指數般增長，新知識又不斷推陳出新的時代，很多人都忙不迭地想要學習各種不同工具，來幫助自己適應這個快速變化的世界。

　　但是，就像我給自己的座右銘一樣：**「思維對了，工具如虎添翼；思維偏了，工具形同虛設。」**工具就算再好，但如果沒有良好思維模式支持，很容易就落入拼命埋頭苦幹，到最後只顯現出挫敗的無能為力。對我來說，思維會決定行為，行為會形成習慣，習慣會影響人生。

　　就像知名投資家查理・蒙格（Charles Munger）推崇的多元思維一樣，《六頂思考帽》裡面的「白、紅、黃、黑、綠、藍」，也幫助我們在看待事物時，不要執著在自己單一觀點，能夠學習用不同角度、不同態度以及不同維度來看待周遭一切，就不會執著在結論本身，可以有更多的選擇權。

　　舉例來說，書中所陳述的「黑色思考帽」就是一種批

判性思維，和避免錯誤解讀所造成陷入風險的一種心態方式。通常我們一旦有了想法，只要別人想法不一樣，常常就會很容易地把它歸於所謂的「反對派」。但事實上，站在不同批判觀點的意見或許和我們想法不一致，但更多時候應該是讓我們反思，是不是有不周全的地方，甚至是因為自己的狹隘，反而看不到潛在風險，只是因為太喜歡自己的觀點。

所以這也讓我想到了自己在《贏在邏輯思考力》書裡提醒的兩句話：「不一樣，未必唱反調；不一樣，只是不一樣。」更重要的是，除了在一般決策、人際關係的處理，我們更常常只透過看得到的表象驟下結論，而不知道背後發生了什麼故事，誤解和誤會也就常常應運而生。

兩顆蘋果的故事

還記得有篇故事是這麼說的。有個母親，拿了兩個大小不同的蘋果給幼稚園女兒選擇。她想看看女兒是不是有孔融讓梨的精神和氣度，也就是會把大的蘋果讓給母親，然後留下小的蘋果給自己。

沒想到，當這位母親把兩個蘋果遞到女兒手中時，女孩第一個動作竟然是把兩個蘋果都各咬了一口。

瞬間這位母親天地完全崩塌了。因為就算不是把大蘋果給老媽，但至少也應該留小的吧！

怎麼可以這樣，竟然把兩顆蘋果都想佔為己有？

就在這位母親還沒回過神時，又看到女兒把蘋果送到她面前。

這個時候老媽真的是徹底崩潰，心中禁不住吶喊：「兩顆蘋果都咬一口也就算了，最後竟然還給我小顆的？」

這個媽媽正思考著，如何矯正這個小妮子錯誤價值觀和行為時……

突然間，聽到女兒用天真稚嫩的聲音對她說：「媽媽，這兩顆蘋果我都試過了，這一顆小的比較甜，給妳吃。」

剎那間，這位母親的心情由谷底翻身到了雲端，所有陰霾一掃而散。是啊！蘋果好壞的選擇，不僅僅是只有大小，還有甜度啊！

別讓自己思維的狹隘，成為生命幸福的阻礙。戴上了不同顏色的帽子，讓我們用不同的視野和思維，擴展我們對世界的觀點；只要沒有成見，就會更多看見。

《六頂思考帽》是一本幫助我們強化思維，能夠更接近看清事物本質，做出對外界適切決策和反應的指南；遇見這本好書，也能讓我們遇見這個世界更多美好與幸福。

（本文作者為暢銷作家、財務顧問、企業講師）

目錄

　　六頂思考帽可能是這兩千三百年以來人類思維最重要的改變。這可能聽來有些誇張，但證據開始顯示有這個可能。這本書首次出版時（編按：《六頂思考帽》初版於一九八五年問世），這種說法被視為胡說八道。但隨著時光消逝，越來越多的證據支持這個觀點。

　　舉個例子來說，一家大型公司 ABB 以前花費二十天進行跨國專案小組會議。但使用六頂思考帽的平行思考方法（parallel thinking）後，現在只需要兩天就能完成。一位 IBM 頂尖實驗室的研究人員告訴我，六頂思考帽讓會議縮短時間到原來的四分之一。挪威國家石油公司（Statoil）遇到每天損失十萬美元的油井問題。然而，一位通過認證的培訓師延斯・賽普（Jens Arup）導入六頂思考帽後，只用了十二分鐘就解決了問題，每日損失直接降到了零。還有兩個類似的法律案例，例如：一組陪審團花了三小時以上才達成共識，但另外一組陪審團成員使用了六頂思考帽，只用了十五分鐘就完成了共識。另外，在一個包含三百位高階公務員的簡單實驗中，引入六頂思考帽

讓思考效率提高了四九三％。

這些例子展示了巨大的變化。我們通常很難相信，但事實證明六頂思考帽確實能帶來重大影響。生產力提升五％或一〇％，我們可能就感到很滿意了。但在這裡，你可以看到的是五〇〇％甚至更大的改變。變革正在發生。

全球廣泛應用

我可以向各位報告，六頂思考帽現正在全世界廣泛應用。當我最初設計這個概念時，我完全沒有想到它的傳播速度會如此迅速。這個方法簡單、堅固而且有效，這就是為什麼它被廣泛運用的原因。

去年同一天我收到了兩封信。一封信是來自德國西門子（Siemens）公司的研究主管。西門子是歐洲最大的企業，擁有近四十萬名員工和超過六百億美元的營業額。他們現在有三十七位內部培訓師使用我的方法，每個部門都有一個以我的方法設置的「創新單位」。在信中，研究主管講述了如何在高級研究會議上成功應用了六頂思考帽。第二封信是來自西蒙・巴奇洛（Simon Batchelor），他曾參與柬埔寨（Cambodia）援助任務，幫助高棉（Khmer）村民鑽井取水。他發現很難讓村民參與。他帶上了我的書《教孩子如何思考》（*Teach Your Child How to Think*），並從這本書中教導高棉村民六頂思考帽。他們開始變得樂在

其中，這件事告訴他學會思考比鑽井更重要。

幾天後，我在紐西蘭威靈頓（Wellington）衛斯理學校（Wellesley）（紐西蘭的一所領先學校）的校長告訴我，他正在教導給五歲的孩子這種方法。（幾個月後，布里斯班〔Brisbane〕的克萊菲中學〔Clayfield〕校長告訴我，他們甚至教導了四歲孩子。）離開紐西蘭一週後，我在西雅圖的一次微軟主要市場會議上發表演講，並向與會者介紹了六頂思考帽的平行思考。這種方法已經被 NASA、IBM、杜邦（DuPont）、日本 NTT、殼牌（Shell）、聯合英國石油公司（BP）、挪威國家石油公司、義大利 Marzotto 集團和聯邦快遞（Federal Express）等眾多企業使用。這顯示了六頂思考帽的廣大適用特性：高階經理人和學齡前兒童都能順利學會。

六頂思考帽方法

思考是人類的最終資源。然而，我們對自己最重要的技能永遠不應該感到滿足。無論多麼優秀，都應該希望自己還可以變得更好。通常，唯一對自我思考能力非常滿意的人是那些認為思考是為了證明自己是對的人。如果思考能力有限，很容易會感到自滿，但其他方面卻非如此。

思考的主要遇到的困難是「混亂」。我們嘗試同時做太多事情了。情緒、資訊、邏輯、期望和創造力都同時湧

入心中，就像同時捧著太多的球一樣。

我在本書中提出的一個非常簡單的概念，它讓思考者一次只做一件事。他能將情感與邏輯、創造力與資訊等分開。這個概念就是六頂思考帽。戴上任何一頂帽子都代表一種特定的思考方式。在書中，我描述了每種思考方式的性質和貢獻。

六頂思考帽讓我們能像指揮家帶領樂團一樣進行思考。我們可以呼喚需要的思考方式。同樣的，也能在任何會議中，將人們從平常思維軌道轉換出來，這可以讓他們對事情有不同的思考方式，非常有用。

六頂思考帽最重要的價值就在於——使用非常方便。

關於黑帽的特別說明

我寫這個特別說明是因為有些人對黑帽有誤解，認為它是一個不好的帽子。相反的，黑帽是所有思考帽中最有價值的，也是最常被使用的。使用黑帽意味著謹慎小心。黑帽指出困難、危險和潛在問題。透過黑帽，你可以避開可能危害到自己、他人和社群的危險。戴上黑帽，你會指出所有可能存在的危險。

大部分情況下，西方思維的主要特點是「黑帽」，強調批判性思考和謹慎。它可以防止錯誤、過度使用和荒謬出現。

對新版的特別說明

如今，使用六頂思考帽方法的經驗非常豐富。當我第一次寫這本書時，情況並非如此。因此，現在我可以很有自信的引入這個方法。這不是嘗試新的、富異國情調的事情了，而是使用一種強大的思考方法，這個方法已經在所有年齡、文化和能力中執行了十四年。

人們有時對帽子和顏色感到猶豫，認為似乎不夠嚴肅或複雜（有些人喜歡越複雜越好）。實際上，「簡單」從來都不是問題。我們需要帽子和顏色當作簡單的心理鉤子。跟複雜的心理術語比起來，帽子和顏色更容易被記住。

這個修訂和更新版本來自於我使用、運用六頂思考帽方法的經驗。多年來，這種方法被證明既強大又方便。方法的有效程度遠遠超出了我的想像。這是對辯論系統的替代方法，辯論系統從未有過建設性或創造性建議。六頂思考帽強調的是「可以是什麼」（What can be），而不僅僅是「現在是什麼」（What is），以及我們如何設計前進的道路，而不是「誰對誰錯」。

01

CHAPTER

什麼是「六頂思考帽」

　　在非洲草原上，有一隻羚羊正在吃草，突然聽到草叢中傳來聲音。牠的大腦立刻警覺到可能有危險，因此當獅子從草叢中跳出來時，羚羊能夠立刻辨識出獅子並逃脫。這種預先警覺的機制是大腦運作的關鍵部分，也是大腦高效運轉的原因之一。

　　大腦無法同時在不同方向上預先警覺，就像無法設計出一支高擊球又能精準推桿的高爾夫球桿一樣。這就是為什麼「六頂思考帽」方法如此重要。它讓大腦能夠在「不同時間」、不同方向上最大化敏感度。因為大腦，無法「同時」在不同方向上達到最大敏感度。

辯證與水平思考

　　西方思考的基本理念是二千三百年前由希臘包含

蘇格拉底（Socrates）、柏拉圖（Plato）、亞里士多德（Aristotle）「三人幫」所提出的，並以「辯證法」為基礎。

蘇格拉底非常重視辯證和論證。根據柏拉圖的記載，在他參與的對話中有八〇％的對話沒有建設性結論。蘇格拉底的角色僅僅是指出「錯誤」。他只指出錯誤使用「正義」、「愛」等概念，就以為大家能正確使用這些名詞。

柏拉圖相信「終極」真理被掩藏在表面之下。他最有名的比喻是：一個被關在洞穴中的人，只能看到洞穴的後牆。洞穴入口處有一堆火。當有人進入洞穴時，他的影子會投射在洞穴的後牆上，而被關住的人只能看到這個影子。柏拉圖用這個比喻指出，我們在生活中只能看到「真理的影子」。

亞里士多德系統化包含邏輯、排除邏輯。根據過去的經驗，我們會建立「方框」（boxes）、定義、分類或原則。當我們遇到某個事物時，我們會判斷它應該歸入哪個方框。要嘛在方框內，要嘛不在方框內，不可能既在又不在，也不可能在其他地方。

因此，西方思維關注「事實如何」，這是通過分析、判斷和論證來確定的。

這是一個很好而且很有用的系統。但還有另一個完全

不同的思維方向，關注的是「事情可以如何」，涉及了建設性思考、創造性思考和「設計前進的方式」。

一九九八年，我受邀在澳大利亞憲法大會（Australian Constitutional Convention）上發表開幕演講，探討聯邦的未來。我講了以下的故事：

從前，有個人把他的車漆成一半白色、一半黑色。他的朋友問他為什麼要做這麼奇怪的事。他回答說：「因為很有趣啊，以後當我發生車禍時，目擊證人就會開始相互矛盾。」

大會結束時，主席安東尼·梅森爵士（Sir Anthony Mason）跟我說，他也想向人分享這個故事，因為在爭論中，雙方往往都是對的，但雙方只是從不同的角度看待情況。

世界上許多文化甚至可能是大多數文化，都把「辯論」視為具攻擊性、私人恩怨和沒有建設性的。這就是為什麼許多文化願意接受「六頂思考帽」方法的平行思維。

世界正在改變

一個以辯論為基礎的思考系統很好，就像汽車的左前輪一樣出色。它沒有任何問題。但是只有它遠遠不夠。

醫生正在治療一個患有皮膚疹子的孩子。醫生立刻想到一些可能的「方框」。是曬傷嗎？是食物過敏嗎？是麻

疹嗎？然後醫生檢查症狀，做出判斷。如果醫生判斷這個狀況符合「麻疹」的方框，那麼麻疹的治療方法就被寫在該「方框」的一邊，醫生就清楚該怎麼做了。這是最好的傳統思考方式。

以前，我們創造出標準情境。我們判斷一個新情況應該歸入哪個「標準情境方框」。一旦做出這個判斷，接下來的行動方針就明確了。

這樣的系統在穩定的世界中運作得很好。在穩定的世界中，過去的標準情境仍然適用。但在現今不斷變動的世界中，這些標準情境可能已經不再適用了。

我們需要「設計」前進的方式，而非只是「判斷」前進的方式。我們需要思考「事情可以如何」，而不僅僅是「事實如何」。

然而，西方思維的基本傳統（或任何其他思維方式）並沒有提供一個簡單的建設性思考模型。這正是「六頂思考帽」（平行思考）方法的目的所在。

什麼是「平行思考」（parallel thinking）？

有一座宏偉美麗的鄉村別墅。有一個人站在別墅前。另外一個人站在房子後面。其他兩個人站在房子的兩側。所有四個人對房子有不同的觀點。他們用對講機進行爭論，每個人都聲稱自己所看到的視角是正確的。

後來，他們使用平行思考法，一起繞著房子走，先看前面，然後看側面、背面，最後是另外一個側面。所以每個人都可以從相同的視角平行觀察這棟別墅。

這幾乎是與辯論、對抗制、對峙思考截然相反的方式，每一方刻意採取相反的觀點。因為每個人最終都會看到建築物的所有面向，所以這個主題得到了充分探討。平行思考意味著在任何時刻，每個人都朝著相同的方向看。

但平行思考更進一步。在傳統思維中，如果兩個人意見不同，就會出現辯論，雙方都試圖證明對方是錯的。在平行思考中，無論觀點多麼相互矛盾，都被平行地記錄下來。如果以後必須在不同的立場之間做出選擇，那麼會試著做出決定。如果無法決定，那麼設計就必須涵蓋兩種可能性。

我想一直強調的是「設計前進的方式」。

六頂思考帽的由來

平行思考的本質是：不管任何時刻，每個人都能朝著相同的方向看，但方向是可以改變的。一個探險家可能被要求看向北方或東方。這些是標準的方向標籤。因此，我們需要一些思考的方向標籤。思考者可以看往哪些不同的方向？

這就是帽子的用途。

在許多文化中，思考和「思考帽」已經有著密切的聯繫。帽子可以當成一種象徵，它指明了一個角色。人們常被說「正戴著某種帽子」。另一個優點是帽子可以輕易地戴上或脫下。帽子也能被旁人看到。基於這些原因，我選擇「帽子」當成思考方向的象徵。

雖然有時會使用實際的帽子，但帽子通常是虛構的。會議室牆上的帽子海報經常被用來提醒思考的方向。六種不同顏色的帽子對應著六個思考方向：白帽、紅帽、黑帽、黃帽、綠帽、藍帽。

方向而非描述

非常重要的一點是──帽子代表的是方向，不是已經發生的事情的描述。不是每個人隨意發表觀點，然後用帽子來描述已經說過的話。而是想方設法的往特定方向進行思考。

「讓我們在這裡進行一些白帽思考」意味著有意識地聚焦資訊。每個人現在試圖想到可用的資訊、所需的資訊、需要提出的問題、獲取資訊的其他方法等等。

「你可以戴上紅帽想一想這個問題」是對特定問題上的感受、直覺和情感的具體要求。

「那是很好的黑帽思考；現在，我們可以改由黃帽思考……」在這種情況下，黑帽一詞描述的是謹慎並指出可

能困難的思考，但主要意圖是要求轉向黃帽方向（好處、價值等）。

非常重要的是，必須清楚「敘述」和「方向」之間的差異。「敘述」關注的是已經發生的事情，而「方向」關注的是即將發生的事情。

「我希望你看向東方」與「你一直在看東方」非常不一樣。

「我希望你煮一些炒蛋」與「我看到你已經煮了一些炒蛋」非常不同。

別把人以帽子歸類

可以創建測試來確定一個人是 A 型還是 B 型，或任何類似的描述性區分。心理學家經常這樣做。困難在於一旦把人分成「盒子」，他們往往會一直待在那裡。這是「現狀」而不是「可能性」的例子。

在賽跑中，一個瘦子通常會打敗一個胖子（「現狀」）。但如果胖子學會騎自行車，那麼胖子就會打敗瘦子（「可能性」）。

我們很容易使用帽子來描述和分類人，比如「她是黑帽子」或「他是一個綠帽子的人」。我們必須抵制這種誘惑。帽子不是對人的描述，而是一種行為方式。

的確，有些人可能一直都很謹慎並且習慣注意所有危

險事物。的確，有些人可能總是充滿創意，其他人可能更擅長關注事實。人們可能比較偏好某些喜好、特別擅長某種專長，而非另一種專長、另一種喜好。然而，帽子不是人的類別。

如果你開一輛擁有手動變速器的汽車，你會使用所有檔位。在汽車引擎中，所有汽缸都在運作。帽子是思考的方向。每個人都必須能夠、也應該能夠朝著所有方向進行思考。

因此，使用帽子作為標籤很危險，因為它破壞了每個人都可以朝著每個方向思考的核心觀念。

六頂思考帽的使用筆記

有人跟我說他一直在使用六頂思考帽時，我會回問他是怎麼使用的，接著會發現他們有時用法錯誤。會議裡有人被選為黑帽思考者，其他人被選為白帽思考者等等。然後這些人在整個開會期間就一直擔任這些角色直到結束。這完全是相反的六頂思考帽使用方法。平行思考的重點是每個人的經驗和智慧在每個方向上都應該被善用。因此在指定的時間裡，每個與會者都會戴上黑色思考帽，在下一個段落，每個與會者都戴上白色思考帽。這就是平行思考，充分利用了每個人的智慧和經驗。

炫耀

　　許多人跟我說，他們喜歡辯論，因為可以炫耀自己有多聰明。可以贏得辯論，擊敗對手。這些在在顯示出人們有實現自我的需求。

　　因此，在平行思考和六頂思考帽法中，炫耀並沒有被排除在外。思考者在黃色思考帽下提出許多論點、在黑色思考帽下提出許多論點等方式來炫耀。你可以藉由成為一個出色的思考者來展現自己。你因為在思考方面比其他人表現得更好而感到驕傲。展示的方式不同，而這類型的炫耀比較具有建設性。自我意識不再與答案正確與否相關。

遊戲趣味

　　有各種各樣的嘗試去改變人們的個性。一般來說，如果指出一個人的個性類型或弱點，當事者會試圖彌補這個弱點。但這個方法通常很慢、無效而且沒有任何作用。

　　一旦人們被歸入某個特定的「方框」或類別時，他們可能會試圖彌補。但是這些努力讓他們想起了「他們是什麼」，所以反而深陷其中。

　　自從佛洛伊德（Freud）發表學說以來，他強調的是分析：找出行動的深層真相和動機。但孔子的方法幾乎完全相反。他不關注個性，而是直接關注行為。他敦促你在與同事、部屬、主管和家人相處時採用正確的行為。孔子

對你的個性或心理結構一點興趣都沒有。

六頂思考帽遵循孔子的方法，而不是分析方法。明確規定行為規則。你遵守這些規則。如果你比較積極進取，沒有人會試圖讓你變得比較不積極進取。但如果戴上了黃色思考帽，那麼你就應該在此方向上展現你的積極態度。

六頂思考帽因為直攻行為層面，比那些想要改變個性的方法更容易接受、有效和快速。

而且六頂思考帽中的「遊戲」層面非常重要。如果在進行遊戲，那麼不遵守遊戲規則的人被視為不合作。如果從黑帽（謹慎）轉向黃帽（可能的好處），而某個人繼續提出潛在的危險，那麼這個人被認為是拒絕參與遊戲。讓人們「玩遊戲」是一種非常有力的改變行為的方式。

成果

多年來，使用六頂思考帽的成果越來越清楚。這些結果基於來自多方回饋，可以歸納為以下四點：

一、力量

在六頂思考帽中，團隊成員的智力、經驗和知識能夠得到充分利用。每個人都能朝著同一個方向思考和工作。

磁鐵之所以強大，是因為所有粒子都朝著同一個方向

排列。辯論或自由討論並不具備這種情況。在辯論模式中（如法庭），每一方都試圖贏得案件。就算其中一方想到了一點可能有益於對方的觀點，這個觀點永遠不會被提出。因為大家的目的是贏，而不是真誠的探索問題。

因為擔心透露資訊或觀點會削弱自己的論點，而保留資訊或觀點非常荒謬。太陽直射可以融化世界上最堅固的金屬。同樣的，讓許多人的智力專注在同一個問題上，可以更容易地解決問題。

二、節省時間

澳洲的奧普特斯公司（Optus）為一次重要會議安排了四個小時的討論時間。但使用六頂思考帽只需要四十五分鐘就能結束。

我在各行各業都聽到，只要使用六頂思考帽就能快速開完會的回饋。開會時間縮減成一半，甚至只需三分之一或四分之一。某些情況下，如 ABB 公司會議時間甚至只需原本的十分之一。

在美國，經理人花了四〇％的工作時間在開會上。如果使用六頂思考帽能將所有會議時間縮減七十五％，就可以不花一毛錢能增加經理人約三〇％的時間。

在正常的思考或辯論中，如果有人提出某個觀點，其他人出於禮貌必須做出回應，但是平行思考不同。

在平行思考中，每位思考者在每個時刻都能朝著相同的方向思考，思路並行不悖。每個人的想法都是平行並列的。你不需要回應上一個人說的話，只需要平行地提出另一個想法。到最後，這項主題就能得到快速而且全面的探討。

一般來說，如果兩個人立場相左，這兩人會進行辯論。然而在平行思考中，兩種立場並列呈現。之後如果需要在這兩個立場之間抉擇，就會做出決定。所以不需要在每一個步驟都進行辯論。

排除自我中心

想得又快又好的最大絆腳石就是「自我中心」。人們常常利用思考來炫耀自我，攻擊和貶低他人，為了自己的目的而思考，展示自己的聰明才智以及表達反對的情緒。

有些人會反駁某一觀點，僅僅是為了指出提出該觀點的人的錯誤。如果是其他人提出該觀點，則會完全同意。一般來說，我們沒有意識到自我中心正在阻礙思考。

在陪審團中，常會出現兩個人，不論證據如何，都不願意達成共識的情況。法官告訴我，這比大多數人所了解都還嚴重得多。顯然，這個問題破壞了陪審團制度的基本

價值。因此，一些國家現在可能使用六頂思考帽進行陪審團培訓。因為這可以排除強烈自我中心來加快討論進度。

對抗思考和對立思維加深了自我中心問題，而六頂思考帽則排除了自我中心。使用六頂思考帽，你可以在每種思維角度下表現出色來彰顯自我。

六頂思考帽提供了中立和客觀探討，而不是辯論。

一次只做一件事

混亂是好思考的最大敵人。我們同時間要做太多事了。找資訊、受情緒影響，想要有新想法和選擇、小心謹慎、想要找出優點。實在太多工作了。

同時運用六個球玩耍相當的困難，但一次只拋起一個球要容易得多了。

使用六頂思考帽，我們一次只做一件事。有一個時間專注於尋找危險（黑色思考帽）。有一個時間尋求新想法（綠色思考帽）。有一個時間聚焦於資訊（白色思考帽）。我們不會同時做所有的事情。

在彩色印刷中，每種顏色都是逐一獨立印刷，最終獲得完整的彩色效果。六頂思考帽也是一樣。我們一次只思考一件事，到了最後，全景自然躍現眼前。

在這背後，有一個絕對的生理需求，需要區分不同類型的思考。正如我在前言中提到的，大腦對尋找危險和尋

求利益很敏感，這是通過不同的化學機制執行的。

飛機降落時經常飛過停車場。如果你告訴自己要注意黃色車輛，突然間，黃色車輛會自動顯現出來，變得清晰可見。這就是高敏感度（sensitization）的例子。

你不能同時注意所有方向，所以同時做所有方向的思考，所有方向都會無法達到最佳狀態。

在本章中提到的所有觀點可能看起來很明顯和合乎邏輯。事實上，它們並沒有什麼神祕之處。當使用六頂思考帽時，你很快就會發現它的優點。與隨意、以自我為中心的會議不同，會議開始變得很有建設性、高效率而且更快速了。

02

CHAPTER

六頂帽子，六種顏色

六頂思考帽各有顏色：白、紅、黑、黃、綠與藍。

我可以用些高深的希臘名稱來代表每頂思考帽指涉的思考型態；那不僅將令人印象深刻，也勢必能討好某些人，實用價值卻很低，因為名字非常難記。

我希望思考者能將這些思考帽具象化，能實實在在地想像這些思考帽，所以顏色很重要，不然怎麼區分？形狀同樣不易說明，只會造成更多混淆。而顏色就可以輕鬆表達意象。

各頂思考帽的顏色，也跟其功能有關。

白帽：白色代表中立、客觀。白帽關心的是客觀的事
　　　　實數字。

紅帽：紅色代表激怒、狂熱、情緒。紅色帽子提供情

緒的觀點。

黑帽：黑色意謂憂鬱嚴肅。黑帽是小心謹慎，它指出想法中的缺點。

黃帽：黃色象徵陽光與正面。黃帽代表樂觀，涵蓋正面、饒富希望的思考。

綠帽：綠色是草地、蔬菜的顏色，象徵豐饒、多產。綠色帽子表示創意與新點子。

藍帽：藍色是冷靜，也是天空的顏色，所以在一切之上。藍帽牽涉到思考過程的控制與整頓，還有怎麼運用其他帽子。

記住每種色彩與相關意義，就能輕鬆記住各頂帽子的功能，我們稍後即將詳談。你也可以把它們歸為三組：

白與紅
黑與黃
綠與藍

將這些思考帽派上用場時，我們永遠只說顏色，絕不以功能相稱。理由在於：當你要人家說出對某件事情的情緒反應時，你很難得到坦誠答案，因為我們總覺得情緒化是不應該的；相對的，紅色思考帽就很中性。你可以請某

人「暫時脫掉黑色思考帽」，這遠比叫他別那麼負面容易。色彩的中立性，讓我們得以自在運用這些帽子，思考變成一種規則明確的遊戲，而非一堆告誡或者非難。

我們可以直接這麼說：

「我要你摘下你的黑色思考帽。」

「這時，我們都先戴上自己的紅色思考帽。」

「黃色思考帽思考得差不多了，現在我們來進行白色思考帽思考吧。」

如果旁人沒看過此書，對六頂思考帽的意涵毫無概念，你可以先簡單解說每種顏色代表的意義。之後最好發給他們各自一本書。這些語彙散播愈廣，應用效果愈佳。最終，大家在任何討論桌旁一坐下，隨時可以在這些「帽子」之間脫戴自如。

03 如何使用思考帽

使用思考帽有兩種基本方式。可以單獨使用每個帽子，進行特定類型的思考；或者可以按照順序使用帽子，探索一個主題或解決一個問題。

單獨使用

單獨使用時，帽子成為了一種象徵，代表需要某種特定的思考方式。在談話或討論過程中需要產生一些新的選擇：

「我認為我們需要一些綠帽思考。」

在同一個會議上，有人提出另一個行動方案：

「也許在此問題上，應該要有一些黑帽思考。」

我們為帽子加上的的象徵符號是它們的重要優勢。如果沒有帽子，我們對思考的要求將變得薄弱且針對性：

「我們需要一些創造力。」

「別這麼消極。」

當羅恩・巴巴羅（Ron Barbaro）擔任保誠保險公司（Prudential Insurance）總裁時，我觀察到他與一級主管的互動。他會提出一個想法，周圍的人會指出保險業務員可能不喜歡、可能有風險、可能不合法等等。他會仔細聽取他人想法，然後說：

「是的，這是很好的黑帽思考。現在讓我們試試看黃帽思考。」

在日本，批評老闆是不禮貌的。六頂思考帽提供了一個中立訊號，允許謹慎地發表評論。

「新藤先生，我想現在進行黑帽思考。」

紅色思考帽提供了一個可以利用情感和直覺特別的機會。人們通常不會提出自己的感受，作為一名會議主席，很難要求與會者表達情感。但紅色思考帽的正式和中立性質可以要求對方對某議題表達感受。

黃色思考帽提供了讓人們尋找價值的機會。一個沒有什麼優點，但是有很多缺點的想法可能在一開始就馬上被否決，但是在經過被要求過的黃帽思考之後，這個想法可以藉此帶來很多好處。

> 「這個想法一點都不被看好。但是我們還是進行
> 一些黃帽思考吧。」

找到好處通常比找到風險更困難。在黃帽思考之下，可能會得到一些重要的見解。一開始看不起眼的東西實際上可能具有高價值，只是之前沒有被發現而已。

而白色思考帽提供了一種讓人們獲得客觀事實的方式。將純資訊從批判中分離出來是白帽的正式要求，白帽要求人們直接遵循資訊。

你不需要每次開口都指定一頂思考帽。思考帽是方便你根據自己的判斷，用在特定的思考模式。一旦人們熟悉了使用思考帽的方法，他們就會知道如何互動。現在，不再是模糊不清的要求「想一想這個問題」，而是有了一種

精準的方法來要求大家進行特定的思考模式。

按順序使用

思考帽也可以依序使用。

每頂思考帽子可以根據需要任意使用。

不需要使用每一頂思考帽。

順序可以由兩頂、三頂、四頂或更多頂思考帽組成。

有兩種廣義的順序：演進和預設。在演進的順序中，你選擇第一頂思考帽（或者由引導者選擇）。完成該思考帽後，選擇下一頂思考帽，依此類推。出於兩個原因，我不建議使用這種方法，除非你使用六頂思考帽的經驗豐富。第一個原因是，團隊成員可能花太多時間爭論應該使用哪頂帽子，以至於花太少時間在思考問題本身。第二個原因是，無論是誰選擇帽子的順序，都可能被視為操縱會議以獲得自己想要的結果。在你熟悉使用六頂思考帽之前，最好遵循預設的順序。

在會議開始時，在最初的藍色思考帽設定預設順序。事先制定順序，然後按照順序進行。你也可以根據情況做一些小改變。

紀律

紀律非常重要。團隊成員必須遵守當下的思考帽。通

常我們不會允許團隊成員說：「我想在這裡戴上我的黑色思考帽。」這意味著回到了一般的爭論模式。只有團隊領導者、主席或引導者可以改變思考帽。思考帽不能用來描述你想說的話。思考帽指示思考的方向。維持紀律非常重要。使用這個方法一段時間後，你會發現遵守指定的思考帽變得越來越容易。

控制時間

在每頂思考帽下應該設定多少時間？我比較偏好短時間。這能強迫專注在自己試圖做的事情上面，減少漫無目標的廢話。我通常會給每位與會者一分鐘的時間。因此，如果會議上有四個人，每頂思考帽就有四分鐘的時間。如果還有想法想繼續提出，我就會延長時間。如果在黑色思考帽下提出了「擔憂」觀點，就不必說：「對不起，時間到了。」只要還有真實的觀點，就可以繼續延長時間。

設定一個較短的時間並延長時間，比設定一個較長的時間但是讓人們坐在那裡猶豫不決要說什麼要好得多。

紅色思考帽在時間上與其他帽子不同。只需要很短的時間就可以從每個人得到紅帽的感覺，因為不需要特別解釋或說明。情感的表達應該是輕快而且明確的。一般而言，每個人表達自己的感覺只需要很短的時間。

會議主導

　　沒有正確的順序。只要是對你有意義的思考帽順序都可以。某些順序適用於探索，某些適用於解決問題，某些適用於解決爭議，某些適用於做出決策等等。就像木匠必須熟悉工具的感覺和使用方法一樣，熟悉建立順序並使用它們是很重要的。藍色思考帽應該在會議開始和結束時使用，就像兩個書擋一樣。

　　第一頂藍帽指示了：

　　我們為何在這裡？
　　我們在思考什麼？
　　情況（或問題）的定義
　　替代定義
　　我們想要達到的目標
　　我們想要在哪裡結束？
　　思考背景
　　思考帽的使用順序規畫

　　最後一頂藍帽指示了：

　　我們取得了什麼成果？

結果

結論

設計

解決方案

預計執行的下一步。

在第一頂藍帽之後的內容取決於思考性質。

第一頂紅色思考帽可以立刻在第一頂藍色思考帽之後使用。這是在該主題已經有強烈情感的情況下。紅色思考帽是一個可以在一開始就公開表達這些情感的機會。

在南非（South Africa）首次選舉之前，有人請我教導和平協定委員會（Peace Accord Committees）負責人使用六頂思考帽。他們常在會議開始時使用紅色思考帽，以便讓人們有機會表達感受和情緒。

但在某些情況下，不該一開始就使用紅帽。例如，如果老闆表達他的感受，每個人可能被迫覺得需要同意老闆。如果沒有預先存在的情感，也不應該一開始就使用紅色思考帽。要求人們在這麼早的時候就討論情感層面沒有意義。

在一個經過評估的情況下，將黃色思考帽放在黑色思考帽之前是有道理的。但如果戴了黃帽，找不到黃帽想法的價值，那麼繼續下去就沒有意義。另一方面，如果在黃

色思考帽找到很多價值，但繼續到黑色思考帽時開始發現許多障礙和困難，你會有動力克服困難，因為你已經看到了好處。但如果一開始就看到所有的困難，那麼你的動機就會完全不同。

有時候你可能想在最後一頂藍帽之後放一頂紅帽。最後一頂紅帽反應了「對這些思考帽的表現評分」：

對我們的思考有什麼感覺？

我們對結果滿意嗎？

我們做得好嗎？

這些只是一些指引。在正式的培訓課程中，還有一套更完整的指引，針對不同情況提供特定的順序，讓人們有機會選擇和練習順序。

一般來說，任何有意義的「思考策略」都有效，並且會產生到實際作用。

團體和個人

六頂思考帽最明顯的好處可以在團體討論或對話中看到。在這種情況下，這個方法提供了一個比辯論或自由討論更有效的框架。

這些帽子也可以由獨自思考的一個人使用。順序框架

減少了混亂，並確保涵蓋了各個層面。

這些帽子也可以在報告或溝通中使用。同樣的，這涵蓋了每個層面。在報告中，該框架還可以提出所有「小心謹慎」的論點，而不會冒犯到其他人。

團體中的個人

即使在會議進行六頂思考帽時，主席仍可以要求單獨個人進行個人思考。這能使人們提出更多想法。因為在團體討論中，大家可能忙著傾聽他人意見，沒有太多時間去思考。

「我們現在要換到黃色思考帽。在我們開始討論
之前，我希望你能思考兩分鐘。」

這種個人思考在綠帽、黃帽和黑帽方面特別有用。

主席甚至可以要求某個與會者在某頂思考帽下進行一些個人思考。

「史密斯先生，我們還沒有聽到關於這個問題的
黑帽思考？你的看法是什麼？」

「亨利埃塔，我想聽聽你的黃帽思考。」

當在團體內引入一頂思考帽時，也可以按照個人的順序，每個人逐一戴上該頂思考帽思考。這在要求個人思考的情況下特別有用。

白色思考帽出場

　　想像一張紙是一份電腦列印出來的文件。白帽就是跟資訊有關的思考帽。當我們使用白色思考帽時，每個人都專注於資訊，全神貫注地看待資訊。

　　我們擁有哪些資訊？

　　我們需要什麼資訊？

　　我們缺少哪些資訊？

　　我們需要提出哪些問題？

　　我們將如何取得所需的資訊？

　　這些資訊可以是硬梆梆的事實和數據，可以核對的內容，也可以是主觀的觀點和感受。如果你表達自己的感受，那是紅色思考帽；但如果你報告別人的感受，那是白

色思考帽。

當兩個資訊出現分歧時，我們不會在這裡爭論。兩個資訊會被一起記下。只有在必須在它們之間做出選擇時，我們才會做出決策。

白色思考帽通常在思考會議的開始階段使用，當成即將展開的思考的背景。白色思考帽也可以在會議結束時使用，作為一種評估——評估我們的提案是否符合現有的資訊？

白色思考帽是中立的。白帽報告這世界上的所有資訊。白色思考帽不會用在產生想法，雖然白色思考帽可以提供回饋資訊和評估資訊。

白色思考帽其中一個非常重要的部分是定義缺少和需要的資訊。白帽定義應該提出的問題。白色思考帽提供獲取所需資訊的手段（如調查和問卷調查）。

白色思考帽擁有專注於尋找和布局資訊的力量。

04

白色思考帽

事實與數字

你能扮演電腦嗎？

只要中立客觀地提供實際狀況就好。

別管怎麼解釋：提供事實就好，拜託。

這件事的實際狀況如何？

電腦至今仍不帶感情（雖說那可能是讓電腦能真正聰明思考的前提）。我們期望它依人類指令提供事實與數字，可不想見到它拿這些東西來跟我們雄辯。

事實及數字經常被放在爭辯之中。我們為某種目的而引用某些事實，將其原貌扭曲。在為了贏得爭辯的意識主導下，事實與數字不可能被客觀對待。

因此我們亟需這樣一個按鈕：「請純粹提供事實——把爭論擺在一旁。」

很遺憾地，慣於雄辯的西方思考總喜歡先提結論，再找出各種事實以為佐證。反觀我所主張的地圖式思維（map-making type of thinking），則須先把地圖完成，而後再選擇路徑。換言之，事實與數字優先。

所以白色思考帽很好用，你可藉此請他人中立客觀地提出事實或數字。

IBM 公司在美國曾面臨非常龐大的反托拉斯（譯註：antitrust，反對不公平競爭）訴訟案，最後卻不了了之——或許當時美國政府了解，要面對日本紀律化的電子業強力競爭，不能沒有 IBM，但卻也有另一說：IBM 為此案提供的檔案排山倒海（我想約有七百萬件），根本沒有法庭能夠消化。萬一負責法官不幸中途辭世，整個案子必得從頭開始。資歷不足的法官不可能被派承接此案；要跨過那般門檻必然有相當年紀，途中離世的機率也相對提高。除非派個非常年輕的法官來面對這可能成為他終生唯一經手案件，這案子基本上根本無法審理。

這個故事的重點是：問題一旦拋出，鋪天蓋地的事實與數字可能足以將提問者淹沒。

你想要事實跟數字儘管拿去，統統拿去。

這種反應可以理解。任何資料篩選都可能被人解讀為企圖塑造某種結果。

不想被資料淹沒，要求白帽思考的人就可集中焦點，

詢問真正必要的資訊。

「針對失業，請概括地提出你的白帽思考。」
「現在，告訴我離校半年以上的中輟生數據。」

把問題對焦妥當，是常見的徵詢資訊手法。善於交叉質詢的律師就精於此道。理想上，證人應戴上白色思考帽，就事論事答覆。法官及律師應會同意，沒有比白色思考帽這個語彙更好用的了。

「我說過了，他大概是在早上六點半回到住處，
因為他整個晚上都在賭。」

「瓊斯先生，六月三十號當晚，你是親眼見到被
告在賭博呢，還是他這麼告訴你的？」

「庭上，我並沒有親眼看到，不過他幾乎每天晚
上都去賭博。」

「瓊斯先生，如果戴上白色思考帽，你剛剛會如
何回答？」

「我目睹被告在七月一號早上六點半，回到他的
住處。」

「謝謝。你可以退席了。」

人們總說，法庭裡的律師無一不處心積慮製造有利狀
況，於是他們設計的所有問題或為支持己方論點，或為擊
破對方立場。這跟白帽思考絕對背道而馳。法官的角色，
是中立好奇的。

荷蘭（Dutch）法律體系並沒有陪審團，三位法官或
陪審員仰賴純粹的白帽思考以了解真正案情。畫出「地
圖」再做出評斷，是他們的任務。英美則似乎不是這麼回
事：在這些地方，法官職責首重證據原則，據此評估律師
離析過的證據。

因此，若有心設計題目以汲取資訊，此人一定要先戴
上白色思考帽。你究竟打算挖掘事實，還是為了支持某個
藏在腦袋深處的意圖？

「美國去年火雞肉銷量提高百分之二十五，原因
是大眾愈來愈注重飲食與健康。一般認為，火雞
肉比較『不造成負擔』」。

「富茲勒先生，我已經說了，請你把你的白色思考帽給戴上。你剛講這句話的事實只有那百分之二十五的成長，其餘都是個人解釋。」

「不，長官。根據市場研究，民眾明確指出，膽固醇含量較低是他們購買火雞肉的原因。」

「這樣的話，你有兩則事實：第一，去年火雞肉銷售提高百分之二十五；第二，某些市調證實，人們宣稱自己之所以購買火雞肉是因為關心身上的膽固醇。」

白色思考帽為如何專注處理資訊提供了某種方向。我們可試著盡力扮演好戴白色思考帽的角色，只提供純粹的事實。不難看出，這個角色需要某些技能——別的思考帽恐怕都不需要這麼多。

「女性抽雪茄的人數有上升趨勢。」

「那並非事實。」

「怎麼不是？數字就擺在眼前。」

「你的數字顯示過去三年中，抽雪茄的女性人數都高過前一年。」

「這不就是趨勢？」

「也許是，但那只是一種看法。對我而言，所謂趨勢指的是某種正在發生、並且會持續發生的事情。這些數字表達的是事實。也許女性真的開始抽更多雪茄了——基於愈來愈多的壓力；但也可能只是雪茄廠商過去這三年不斷加碼針對女性打廣告。前者確實是個蘊藏商機的趨勢，後者就不盡然了。」

「我只不過用趨勢這名詞來描述上升的數字嘛。」

「也不是不能用，但要剖析某種持續狀態的話，還有別的說法。最好運用純粹的白帽思考說：『過去這三年的數據顯示，女性抽雪茄人口不斷增加。』然後大家就能討論這個現象意謂著什麼以及背後原因。」

從這層意義看，白色思考帽是一種原則，讓思考者心中雪亮，能清楚分辨事實與推論之別。我們或許可以想像，政治人物要嘗試白帽思考恐怕難度頗高。

05

白帽思考

那是誰的事實?

那是事實,還是可能?

那是事實,還是認定?

究竟可有半點事實存在?

大部分的所謂事實,不過是由衷之言,或當時的一種信念。生活必須繼續,不可能以科學般嚴謹態度檢視一切,所以我們在現實裡存在這個雙軌體系:認定的事實(believed facts);確認的事實(checked facts)。

進行白帽思考時,你絕對可以提出認定事實,但必須強調這些是第二層事實。

「俄國貨船運量在全球貿易占比非常可觀;我想我這麼講應該沒錯。」

「我曾讀過一篇報導說，日本高階主管之所以可報大筆應酬支出，是因為薪水都得交給老婆。」

「新的波音七五七安靜性能遠遠優於以往；我相信我可以這麼說。」

讀者可能會不舒服地指出，用這些「狡猾的」講法，任何人都可以大放厥詞而絲毫不用負責。

「有人跟我說，他聽他朋友講，邱吉爾（Churchill）私底下很崇拜希特勒（Hitler）。」

沒錯，這種講法是讓各種鐵口八卦有可趁之機，但我們也確實需要呈現認定事實的途徑。

重點在事實將擺在什麼用途。讓某個事實成為決策依據之前，有必要進行確認。於是我們先評估哪些認定事實可以用，進而加以檢驗。舉例而言，若我們相信飛機波音七五七的安靜特性對機場選地舉足輕重，當然有必要將這事實從「認定」狀態提升到「確認」狀態。

任何一件事都不該加油添醋，是白帽思考的關鍵原則。若能持平陳述，這類事實是可以參考的。請牢記這個雙軌體系。

容我重申：信念（belief）層面絕對有其存在必要；試驗、假設、甚至挑撥刺激，對思考非常重要。它們在事實之前提供了架構。

然後我們來到非常困難的節骨眼了：「信念」在何時變成「看法」（opinion）？我可以「相信」飛機波音七五七比較沒噪音（信念），也能「認為」更多女性抽菸，是因為壓力遠甚以往（看法）。

讓我立刻強調：白帽思考絕對不允許你個人的看法，否則白色思考帽毫無意義。另一方面，你當然能提出別人的真正看法。

「人力飛機絕對不可行，這是史密特教授的看法。」

請務必確認清楚，所謂事實的信念層面，就是你相信是事實、但尚未經過徹底驗證的事情。你最好具備這兩種層面：

一、確認事實
二、未確認事實（信念）

最終，態度是關鍵。戴上白色思考帽時，思考者進行

中立的「成分」陳述。這些陳述攤開來，很容易被拿來支持特定論點。一旦有此現象產生，就得提高警覺：有人濫用白色思考帽角色了。

假以時日，白色思考帽角色終將成為本性，思考者無須為贏得爭論而竊用某種論述；他培養出中立的客觀，類似科學界觀察家或生物界探險家的仔細記錄不同族群對象，絲毫未曾考慮這些記錄的實際用途。製圖者的使命，就是製作地圖。

白帽思考者把所有「標本」攤在桌上——就像小男生清空口袋，掏出其中的銅板、口香糖跟一隻青蛙。

06

白帽思考

日式元素

討論、爭辯、共識。

沒人提任何意見的話,意見到底要上哪兒找?

先製作地圖。

日本人從不採用西方人爭論的習慣。也許在封建社
會,不贊同對方實在太沒禮貌或風險太高;也許他們太強
調尊重彼此及保留「顏面」,不容許爭論帶來的攻擊性。
也許日本文化不像西方那麼自我中心;爭辯往往具備強烈
的自我意識。而最可能的解釋是,日本人並未受到古希臘
(Greek)那被中世紀修道士發揚光大以壓制異教徒的思
辯術所影響。日本人不爭論,我們西方人覺得不可思議;
而我們西方人好辯論,日本人也難以理解。

在西式會議中在座每人都各有主張,且多半抱著自己

理想的結論，會議便在不同主張的辯論中進行，看其中哪些能挺過所有批評，哪些就獲得最大多數的支持。

最初提出的意見確實經過了一些改善，但基本上那是「大理石雕刻」過程：從一塊大石頭為起點，朝最終成品一路刻去。

西式的共識會議（consensus meeting）因為沒有絕對的贏家或輸家，辯論氣息就沒那麼尖銳。眾人同意與接受的就是最後結論。這比較接近「泥塑」：把一片片泥土往模具放上去，慢慢捏成最後成品。

但日式會議不是共識會議。

西方人很難理解日本人怎能不帶任何成見參加會議？開會旨在聆聽。而那一大片靜默又能不令人感覺毫無建設？因為每個與會者輪流戴上白色思考帽，一一提出中立資訊。地圖漸漸繪製完整，具備愈來愈豐富的細節。一旦完成，大家都可清晰看見路徑何在。我沒說這整個過程可以一次完成；那可能要花上幾個星期、甚至個把月，舉行過無數次。

重點是，沒人會提出預設立場。所有資訊情報都是在類似戴著白色思考帽的情況下提出，漸漸形成某種概念。參與者清楚目睹。

西方觀念中，要透過辯論的捶打，概念才能成形。

日式觀念裡，概念如秧苗慢慢長大，必須經過栽培得

以成形。

　　上述西方辯論與日式資訊匯入之比較，多少有些概念化。我純粹做個對照，並非像某些人迷戀日本一切，什麼都想取而仿效。

　　我們很難改變文化，才需要某些讓我們超越爭辯習性的機制，這正是白色思考帽角色的功能。當會議中所有人都有此默契，白帽角色就能夠傳達：「讓我們一起扮演開日式會議的日本人吧。」

　　要讓這種機制發揮實質作用，就需要白色思考帽這類人為裝置。告誡與解釋，實在難以產生具體效用。

　　（我無意闡釋為何日本人的創新能力沒那麼特出。創新需要一種自我本位的文化，容許瘋狂者能無視周遭眼光堅持己念到底。不過，創新可以用比較實際的方式達成，如藉由水平思考的刻意激發。我在綠色思考帽章節及別處另有討論。）

07

白帽思考

事實、真相、哲學家

事實的真實性究竟如何？
哲學的語言遊戲究竟有何價值？
絕對事實與「大致上」。

事實與真相之關聯，並不如多數人想像的那般緊密。事實與一種名為哲學的系統相關，該系統頗多文字遊戲。真相則關了可確認的經驗。對此題目不感興趣的實際派讀者盡可跳過此章。

若我們所見的每隻天鵝都是白的，就能大膽斷言「所有天鵝都是白色」嗎？可以，而且我們就是這麼做。截至發言時刻，那確實是我們經驗的實際總結；從這層意義看，那也是真相。

第一隻出現的黑天鵝則改變了這句話的真實性，頓時

把事實翻轉為非事實。而從真相角度而言，我們大概看過一百隻白天鵝裡才有一隻黑天鵝，於是根據真相經驗我們可以說：「大多數的天鵝是白色的」；「天鵝大致上是白色的」；「百分之九十九點多一點點的天鵝是白的。」

「大致上」這名詞好用的不得了（大致上孩子都愛吃冰淇淋；大致上女人都會化妝），對邏輯學家卻完全說不過去。「所有的天鵝都是白的」，「所有的」決定這句話的真偽；邏輯就是如此，必得從某絕對事實移往另一絕對事實：「若甲為真⋯⋯則⋯⋯」

撞見第一隻黑天鵝，讓「所有天鵝都是白的」這句話不再屬實，除非我們決定另外給黑色天鵝命名，這下就變成文字跟定義的玩意兒了。若我們把白色作為天鵝的基本定義之一，黑天鵝必然成為別種東西；若不把白色當作基本定義，黑天鵝就可歸於天鵝一族，而所謂天鵝則得靠其他特點來界定。這種定義上的規範、操弄，正是哲學的本質。

白帽思考只關心資訊情報是否可用，因此，「大致上」跟「整個來講」的東西完全可接受。要檢驗這類模糊講法究竟有多少確實性，那是統計學的事；但我們不可能拿到所有的統計數字，所以我們得用上雙軌體系（認定及確認的事實）。

「大體而言，企業若根據對未來樂觀想像的營業額決定支出的話，是會碰到麻煩的。」（但倒也確實有可能出現少數例外。）

「如果降價，銷量往往會提高。」（房價上漲，買氣卻可能走揚，也許是出於投機心態、擔心通貨膨脹，或怕慢了人家一步。）

「努力工作就會得到成功的人生。」（一大票辛勤工作的人卻不怎麼成功。）

各種可能性的發生機率可表示如下：

永遠真確

通常真確

大致真確

大致上

多半

五五波

時常

有時真確

偶爾真確

據知曾有前例

絕非事實

不可能屬實

在這條可能機率光譜上，白帽角色可以走多遠？之前談過，這要看資訊表達的方式。舉例來說，某些狀況即便絕無僅有，恐怕也有讓大家知道的必要。

「麻疹通常無害，但有時會引起二期感染，像是耳朵感染。」

「在極少數情況下，接種會引起腦炎。」

「據知，這種狗在被惹毛的情況下曾攻擊過小孩。」

了解這類資訊顯然有其價值，但也有衝突存在。以第二個例子而言，人們對接種疫苗會引起腦炎的恐慌可能遠大於統計數字呈現的危險，所以有必要提供精確的數字，才能消弭不必要的錯誤解讀。

白帽思考之下，傳言可有存在空間？

「有個傢伙沒戴降落傘從飛機上墜落，卻大難不死。」

「據說福特的 Edsel 是根據市場研究研發的，結果卻其慘無比。」

這些發言確實根據事實，所以白帽思考者當然有權照說，只是一定要註明是「軼事」或「案例」。

「根據市場研究設計出來的產品，時常會失敗。拿 Edsel 來說吧，據說它的設計就是根據市場研究，最終卻成了完全失敗的案例。」

上面這段言論不算合格的白帽思考——除非有更多證據顯示，根據市調研發的設計都落得失敗下場。貓會從屋頂摔下來，但並非一般狀況。

例外，所以引人矚目，正因其脫離尋常。我們留意到黑天鵝，因為一般來講牠們占極少數；我們留意到一個沒揹降落傘從飛機上墜落的人，因為這多少不尋常；人們不斷提及 Edsel，也是同樣的道理。

白帽思考是為了實際，所以必須要能把各種資訊攤出來，重點是：怎麼攤。

「所有專家預言，今年底之前利息會降。」

「我跟四位專家談過，每位都預言年底前利息會降。」

「我跟弗林特、齊格勒、凱格里亞托、索瑞茲四位先生談過，他們一致預言年底前利息會降。」

　　這兒我們看到三種不同的精確度，而即便第三種也仍不夠好。我可能有必要了解：你是什麼時候跟這些專家談過的。

　　白帽思考並無絕對界線。那是一個方向，讓我們致力達到更好。

08

CHAPTER

白帽思考

誰戴上那頂帽子?

戴上你自己的思考帽。

要某人戴上思考帽。

要每個人戴上白色思考帽。

選擇戴上思考帽作答。

上述句子涵蓋了絕大多數的情況:你或者是要求、被要求,或是主動選擇。

「我們的促銷活動出了什麼差錯?」

「要回答這個,我要先把白色思考帽戴上。我們跟三成四的通路談過,其中肯接受我們產品的只有六成;在這六成裡面,只有四成答應先試賣看

看。而我們接觸的所有人當中，有七成說我們的
價格太貴；市面另外兩家產品相對比較便宜。」

「現在請提供你的紅帽思考。」

「我們產品差卻又太貴，在市場上形象不好。對
手廣告比我們好多了，播放頻率又高。我們沒能
吸引到最優秀的業務員。」

在這個例子中，紅帽的「感受」層面可能更重要，但
白色思考帽就不能提出這類「感受」面向，除非只是轉述
潛在顧客的發言。

「首先我們都把白色思考帽戴起來，然後來談談
我們對青少年犯罪的了解。數據怎樣？報告在哪
兒？誰能提供證據？」

「你跟我說你要下單買這家廠商的電腦，可以請
你說出你這方面的白色思考帽思考嗎？」

「我不要聽你猜測如果我們把跨大西洋的機票價
格降到 250 美元會怎樣；我要聽你的白色思考帽

思考。」

很顯然，白帽思考排除諸多頗有價值的東西，諸如：直覺、經驗判斷、感受、印象、看法。不用說，那也正是白色思考帽存在的道理：找出一種只允許純粹資訊出來的途徑。

「你要我從白色思考帽思考說明轉換跑道的理由？薪資沒比較好；津貼沒比較好；離我家一樣遠；職涯發展無差；工作類型一模一樣。戴著白色思考帽，我能說的就這樣。」

09 白帽思考摘要

　　想像一台電腦根據指令提供數字與事實，中立客觀，不加任何評論。戴上白色思考帽時，思考者就應該開始模擬電腦。

　　要求提供資訊的人，問題要有焦點，才能獲得有用或欠缺的資訊。

　　現實裡資訊系統有兩個層面。第一層包含確認過、同意過的真相──第一級真相。第二層，包含我們相信為真，卻未經過充分驗證的真相──第二級真相。

　　可能性光譜從「永遠真確」延伸到「絕非屬實」，中間包含各種有用層次，如「大致上」、「有時」、「偶爾」。白帽思考時是可以提出這類資訊的，只是必須以適當的「措辭」表明其發生的機率。

　　白帽思考是一種原則，一個方向。思考者提出資訊

時，得致力保持中立客觀。會戴上白色思考帽，有時是別人要求，你同樣可對人提出此要求。你也可選擇自行戴上或脫掉。

　　白色（無色）代表中立。

紅色思考帽出場

　　想像火焰、想像溫暖、想像感受。使用紅色思考帽可以讓你有機會表達感受、情緒和直覺，而無需解釋或證明它們。

　　在一般會議中，你不應該讓情緒介入。不過情緒無論如何都會介入——你只是將它們偽裝成邏輯罷了。紅色思考帽提供了一個獨特和特別的機會，讓感受、情緒和直覺可以直接被提出來。

　　直覺可能來自於很多經驗。

　　「我覺得這個人適合這個工作。」

　　「我覺得這是一個很冒險的事業。」

「我的直覺告訴我，這個解釋太複雜了。」

這些感受是有用的。然而，直覺並不一定始終正確。即使偉大的愛因斯坦（Einstein）在否定海森堡（Heisenberg）的不確定性原理時，他的直覺也是錯的。

戴上紅色思考帽時，你可以表達一連串的感受：熱情、喜歡、中立、不確定、懷疑、矛盾、不開心、不喜歡、討厭等等。表達的方式可能因文化而異。在日本，表達的方式非常低調：「我必須考慮一下。」若是在美國，表達則是會更強烈：「那是一個糟糕的主意。」

你沒有必要解釋或證明這些感受。事實上，會議主席應該永遠禁止這樣做。如果人們覺得必須驗證感受，那麼他們只會提出可以被驗證的感受。因此應該謝絕任何解釋。在任何情況下，只需表達當下的感受。也許在二十分鐘後，感受就會改變。有時在會議開始時戴上紅色思考帽評估感受，然後在會議結束時再戴上紅色思考帽，看看感受是否有變化，這會有幫助。

紅色思考帽常用在特定的想法或情況之下。思考者不可以改變想法。

如果要求是「請就強制性捐款這件事，提供你的紅色思考帽意見」，那麼思考者就不可以說：「如果捐款是自願的，我會喜歡這個想法。」

你必須必須非常清楚紅色思考帽應用在哪些方面，否則會造成混亂。必要時，會議主持人可以提出不同版本（修改）的想法，並在每個版本討論時戴上紅色思考帽評估。

紅色思考帽還可以涵蓋「理智的感受」，這是完全合理的：

「我覺得這個想法有潛力。」

「那個想法非常有趣。」

「這個想法很不一樣。」

紅色思考帽一直以來都是以個人為基礎。在討論中，每個與會者將會被要求各自表達對該問題的紅色思考帽感受。

每個人不能在被要求表達紅帽感受時說「我跳過」。但他們可以說中立、未決定、困惑、懷疑或混亂等等。

如果感受比較複雜，會議主持人可以詳細詢問其中包含了什麼情緒。

紅色思考帽的目的是表達當下的感受，而不是強迫做出評論。

10

紅色思考帽

情緒與感覺

與中立客觀相反。

預感、直覺、印象。

毋須證明。

毋須提供理由或基礎。

紅帽思考完全是跟情緒感覺及非理性層面相關的思考，紅色思考帽為這類東西提供正式明確的管道登上檯面──成為正當的一塊拼圖。

思考過程若不允許放進情緒與感覺，它們自會潛入下意識，不著痕跡地影響整個思考。情緒、感受、預感、直覺，這些東西強烈而真實。而紅色思考帽則予以承認。

紅帽思考幾乎與白帽完全相對，後者中立而客觀，不帶任何情緒色彩。

「別問我為什麼，我就是不喜歡這筆交易。它讓我渾身不對勁。」

「我不喜歡那傢伙，也不想跟他打交道。就這樣。」

「我有股預感，教堂後面那塊地幾年後將會大發利市。」

「這設計真恐怖，它永遠不可能流行。簡直是把錢扔進海裡！」

「我對亨利感覺很特殊；我知道他是個騙子，我們也被他騙了，但他騙得真漂亮。我喜歡這小子。」

「我直覺這個交易絕對談不成，最後肯定要花一大筆訴訟費。」

「我感覺這處境毫無贏面；做，會被罵死，不做，也會被罵死。還是撤吧。」

「如果等簽約後才抖出這情報，我覺得不公平。」

　　任何想表達這類感受的思考者都該去找紅色思考帽。從單純的情緒到預感直覺，這頂思考帽都予以正式的表達許可。在紅帽思考下，你完全不須為你的感受辯解。戴著紅色思考帽，你可以扮演隨感覺牽引的情緒思考者，不必理性地步步為營。

11

紅帽思考

情緒在思考中的位置

情緒會破壞思考，抑或是思考的一部分？

情緒在什麼節骨眼出現？

情緒化的人是好的思考者嗎？

傳統認為，情緒阻礙思考。優秀思考者想來是冷靜超脫的，不受情緒波及；他應該客觀，純就事實本身評估，不涉及自己情緒相關需求。甚至一直有人說，女性很難成為好的思考者，因為她們太情緒化了；明智抉擇需要的超然態度，她們天生不夠。

但任何好的決定終究不脫情緒影響。我這句話的重點在「終究」二字。我們運用思考製出地圖後，要選擇哪條路徑取決於價值觀與情緒。這稍後會再談及。

情緒予以思考一種關聯性，使思考符合當下情境及需

求。那是大腦作用的重要環節，而非某種干擾或史前時代遺物。

情緒會在三個環節影響思考。

「強烈的背景情緒」可能存在，例如恐懼、氣憤、憎恨、懷疑、嫉妒或愛意。這種情緒背景使整個認知受到限制與扭曲。紅帽思考的目的就在凸顯背景，以便觀察其後續影響。整個思考過程都可能受某種背景情緒的主宰。這東西也許跟某人或某個情況密不可分，也可能因為其他理由而出現。

在第二種情況下，情緒由「初步認知」引發。你認為自己受到某個人的侮辱，於是對那人的整個看法便受此感覺影響。你認為（可能事實並非如此）某人談及某事乃出於自利，便對他一切發言大打折扣。你認為某事其實是一種廣告，態度便甚為保留。我們常立即做出瞬間判斷，由此產生的情緒牢不可破。紅帽思考提供一個機會，讓我們在第一時間忠實面對這些感受。

> 「戴上紅色思考帽的話，我會說：你提出的條件根本是為了自己，而不是為了公司利益。」

> 「根據我的紅帽思考，你是為了保住自己飯碗才反對這個合併案，並不是考慮股東權益。」

情緒可能造成影響的第三個時間點，是在整個地圖完成以後。這個地圖應包含紅帽思考呈現的所有情緒。然後在要決定走哪條路的時候，情緒——包含許多自利心——便出來了。每個決定都帶著某種價值基礎。我們對價值觀的反應是情緒化的；我們對自由這個價值的反應是情緒性的（尤其當我們曾失去過自由）。

　　「我們已對這整個狀況做了最縝密的整理，現在請大家戴上紅色思考帽，根據情緒挑出行動方案。」

　　「兩條路當中——繼續罷工或談判——我偏向前者；我覺得時機還不成熟，雙邊承受的壓力都還沒大到任一方肯退讓的地步。」

　　思考過程把情緒表達出來是值得肯定的。對於抱持這種態度的人，紅帽概念很有用，因為它讓這些情緒有合理出口，能在地圖最終版本占一席之地。
　　但有些不能見人的情緒，紅帽思考有辦法揭開嗎？

　　「我反對指派他，因為我很嫉妒這傢伙，見不得他這麼平步青雲。」

有人真會把這類嫉妒攤開來嗎？恐怕不會。但紅帽概念提供了某種程度的釋放。

　　「我現在戴上紅色思考帽，我要說我覺得我反對安的升遷，多少有些嫉妒心理。」

　　或者是：

　　「藉著紅色思考帽，我要說我反對安的升遷案。這純粹是我個人感受。」

　　我們要記住：心中藏有個人隱私的思考者，有選擇戴紅色思考帽的權利。他們因而可合理地流露情緒。

　　「這其中可能帶有恐懼成分：恐懼工作變動引發的混亂。」

　　「對，我非常生氣，現在我只想拿回我那一份。我不喜歡被騙。」

　　「我必須承認，我在這裡做得很不開心。」

紅帽思考鼓勵這種探討：「究竟這當中涉及哪些情緒？」

12 紅帽思考

預感跟直覺

直覺可靠嗎？

直覺的價值如何？

我們能怎麼運用直覺？

「直覺」這個名詞有兩種意義，兩種都對，但就大腦功能而言卻截然不同。直覺可用來形容頓悟：過去那麼看待的某件事，忽然以不同角度出垷在腦海裡，結果可能迸發創意，也許成為科學界的一則新發現、數學界的一項大突破。

「把注意力從贏家轉往輸家，你會立刻發現：一
百三十一名參賽者得經過一百三十場對抗來產生
一百三十名落敗者。」

直覺的另一個意義是對某種情況的立即領會。那是基於經驗的複雜判斷——難以言說，也不易歸納。就像一眼認出老朋友，綜合多種因素的複雜判斷差不多也是那樣。

「我有股直覺：這款電動車賣不出去。」

這類直覺或許是基於對市場的了解，對類似產品的經驗，或對消費者在這價格帶如何做購買決策的認識。

我想談的直覺，屬於後面這種「複雜」的判斷。

「直覺」、「預感」、「感受」這些東西十分接近。「預感」即是以「直覺」為基礎的假設；「感受」亦然，包括從審美感受（幾近品味）到明確評定都是。

「我有種感覺，到了關鍵時刻，他會打退堂鼓。」

「我強烈地覺得，這張公車票跟那輛單車是這個命案的關鍵線索。」

「我覺得這理論有問題，太複雜太混亂了。」

成功的科學家、企業家、將軍，似乎都具備這種「感

覺」狀況的能力。我們說某某企業家「嗅得出錢的味道」，意謂對金錢培養出特殊感應的企業家就是能看見旁人看不見的商機。

直覺當然可能出錯，尤其賭博。如果輪盤賭一連出八個紅，直覺會強烈建議下個是黑。而實際上機率一模一樣，賭桌並沒有記憶。

所以我們該如何看待直覺及感受？

首先，我們以紅色思考帽賦予它們合法性。紅色思考帽讓感受的表達與探詢成為思考的一部分。或許情緒跟直覺該分屬不同帽子，但那只會讓事情更複雜，我相信即使其本質有差，一同擺在「感覺」這頂思考帽底下處理卻是沒有問題的。

我們可以嘗試分析直覺判斷背後的原因，但不見得成功。而當判斷說不出個道理時，能信嗎？

若單靠預感進行大筆投資就會出大問題。直覺最好只扮演整個地圖其中一個環節。

我們可以像面對顧問似地看待直覺。如果某某顧問一直都頗為可靠，我們大概就特別重視他的建議；如果直覺在許多情況下都相當正確，我們會傾向相信它。

「所有論據都不支持降價，但直覺告訴我，這是
挽回市場占有率的唯一選擇。」

經驗老道的地產經紀人練就掌握機會的敏銳度，豐富的經歷透過直覺告訴他，哪些交易能做，哪些要躲。這直覺用在房地產也許極有價值，因為他已經過無數寶貴教訓的淬煉；但若拿此人的直覺來預測總統大選，恐怕參考價值就不大了。

我們也可抱著「輸贏難免」的態度來面對直覺。它不盡正確，但如果對的機率比出錯高，整體來說就還不錯。

把直覺視為神諭很危險，但它是思考一環，確確實實存在也能有所貢獻。

「可否請你戴上紅色思考帽，說說你對這合併案的直覺？」

「我的紅帽感覺說，房地產價格馬上又要飆漲。」

「你說說你對這波促銷活動的紅帽想法，好嗎？」

「我的紅色思考帽告訴我，對方不可能接受這個價格的。」

直覺跟意見兩者何時相遇？之前我們看到，白帽思考不容表達自己意見（但可以轉述別人看法），因為形成意見的基礎是評斷、解釋、直覺這類東西，權衡結果可能落在對已知事實的評斷，也可能落在由未知因素構成的感覺。意見可經由紅色、黑色或黃色思考帽子表達；透過紅色思考帽時，最好以感覺之名表述。

「我的感覺是：無聊是很多青少年犯罪的起源。」

「我的感覺是，電影業需要幾部熱烈炒作的豪華鉅片來撐起票房。」

13

CHAPTER

紅帽思考

時時刻刻

回應與沮喪。

這是我對此會議的感覺。

表達或隱藏感受。

開會、討論或對話當中隨時可表達紅帽感受。那感覺不只可針對討論議題，也可以朝開會的方式來發表。

「我正在戴我的紅色思考帽；我要跟各位說，我實在不喜歡這種開會方式。」

「我想做個紅帽發言；我覺得我們是被迫做出結論的。」

「霍柏先生，我的紅帽觀點是你從不聽別人意見。」

「我想說的都說了，現在我要脫下紅色思考帽了。」

有違一般會議自然產生的情緒流動，這紅帽規矩似乎顯得做作而多此一舉。要發火真有必要先「戴上」紅色思考帽嗎？透過表情和語調情緒不就表達出來了嗎？

正是這種做作，彰顯了紅色思考帽的真正價值。一般而言，情緒需要時間醞釀，更需要時間消退。憎惡浮起，感覺鬱悶；左邊攻擊，右邊防衛。就某個層面來說，紅色思考帽讓我們能迅速出入某種情緒狀態：戴上紅色思考帽，脫掉紅色思考帽。戴著紅色思考帽表達出來的意見，要比沒戴思考帽所講得容易被接受，因為約定俗成。

「戴上」紅色思考帽的必要，可降低摩擦。有人覺得受到輕慢，絕對有權隨時戴起紅色思考帽。約定俗成之後，你若沒表態戴上紅色思考帽就講出情緒性的東西，就會顯得粗魯。

紅色思考帽為情緒感受提供了康莊大道，這些東西就不需要四處隱匿流竄。誰覺得有必要宣洩情緒盡有大路可走。

再也不需要拚命去揣測旁人的感受了，你大可以直接問了。

「我要你戴上紅色思考帽告訴我，你對我這項提案的想法。」

「我懷疑你不喜歡我。請給我紅色思考帽答覆。」

即使毫不懷疑對方的愛，戀人也總喜歡聽到對方親口說出這個字眼。

「切換到紅色思考帽層面來，我要說我對這次會議進行方式非常滿意。大家是否都這麼認為呢？」

「我的感覺是我們全體都希望通過並簽署這個合約。莫里森先生，可以請你以紅色思考帽表達你的觀點嗎？」

而紅帽概念不應濫用至荒謬程度。每次表達某種感受就正經八百地端出紅色思考帽，完全多此一舉。只有當你

需要鄭重明確地表達、或請人表達某種情緒時，才需要拿出紅色思考帽概念。

「假如你再多做任何紅帽言論，我就要沒收你的紅色思考帽了。」

「我們再聽你做最後一次整體性的紅色思考帽發言之後，這個討論就到此為止。你對此事感受如何？」

「我只希望再給我一次紅色思考帽言論權，脫掉以後我就不會再用了。」

14

紅帽思考

情緒運用

思考能改變情緒嗎？

情緒背景。

情緒作為一種議價手段。

情緒、價值觀、選擇。

當情緒透過紅色思考帽具體呈現，隨即就可能有人企圖加以探索、甚至改變。這時就不再屬於紅色思考帽的範疇了。

思考會改變情緒。改變情緒不是思考的邏輯部分，而是認知。當我們以不同視角看待一件事，情緒便可能隨之轉變。

「別把這場網球賽視為失敗，把它當作是一種找

出對手優缺點的有力途徑。」

「如果這個價格是你們提出來的，是不是就可以
接受了呢？」

「就把這當作重要的學習經驗，別視為錯誤的判
斷。學習本來就得付出昂貴代價。以後我們就不
會重蹈覆轍啦。」

並非每次都能找到扭轉情緒的認知方法，但絕對值得
一試。
情緒表達出來可作為思考或討論的背景。大家都明白
有這股情緒的存在，一起努力避免受此影響，謹慎做出決
定跟計畫。有時不妨假設背後另有其他情緒，看看會造成
什麼不同。

「我們都知道這些談判結果是在極度疑慮的前提
下產生的。現在讓我們想像一下，如果雙方真誠
信賴彼此，又會出現怎樣的思維。」

「我們必須意識到背後存在的憤怒，不能加以忽
略。」

如之前所言，情緒及感受會改變地圖的顏色。透過紅色思考帽，我們可洞悉哪些「區域」受到情緒的高度影響，進而找出解決方法。

　　「禁止你投效對手的提案顯然頗為敏感，我們會
　　先解決這個問題。」

　　「工會主席絕不可能同意任何減薪動作，這點早
　　已強烈表示過了。」

　　情緒經常被拿來當作議價手段。我指的不是擺出一臉不悅、恐嚇、勒索、乞憐之類，而是與特定事件相關的情感價值。價值大小要看談判基礎而定；對甲方是這個價值，對乙方可能是另一種價值。藉由紅帽思考，就能直接清楚地表示出這些價值。

　　「能否跨越工會訂定的界線，關係著我們的產
　　能。」

　　「我們必須堅持遵循適當的懲戒程序。我們不是
　　說瓊斯很無辜，只是強調要照規矩行事。」

一般人都同意，思考終極目的在滿足思考者本身，因此，思考最終得滿足表達出來的情緒。

三個問題出現了。提出的方案，真有滿足那表達出來的期待了嗎？

「我不覺得降價能提升銷售。」

第二個問題：滿足了甲方可能就犧牲了乙方。

「我們可以增加加班次數，或雇用更多人。前者對在職者有利，後者則能照顧到一些失業者。」

第三個問題則是短期跟長期的衝突。一項基督教義清楚闡明這點：人若喪失靈魂就算得到全世界又如何？

「我們可以抬高廣告費率，立刻衝高業績，但長期來說，這會讓廣告主跑去別家媒體。」

「假如降價吸引別家航空公司的顧客也許暫時會賺，但接著對手會跟進降價，客人又跑掉了，而屆時縮小的獲利水準卻無法挽回。」

「我很想吃這籃薯條，但那對我的體重沒半點好
處。」

「我願意投資更多錢給這齣戲劇，因為我喜歡女
主角娜笛雅，我要她的戲分加重。」

「我很樂於贊助新科技發展，但就長期來說，我
知道投資者想看見的是穩定成長。」

　　情緒既是思考方法也是思考課題。想拋開所有情緒把
一切交給理性，根本不切實際。

15

紅帽思考

情緒語言

情緒不須合乎邏輯或前後一致。

情緒可用語言微調。

克制為情緒辯護的慾望。

關於紅色思考帽，最難的一點在於克制為情緒解釋的企圖；這些解釋可能對也可能不對，而無論如何，在紅帽思考底下都沒有必要。

「別管你不信賴他的理由。你不信賴他就對了。」

「你喜歡在紐約設立辦公室的點子。不需要細說你喜歡的理由，那可以等到我們接近做決定的時

候再說。」

從小我們習慣為情緒道歉，因為那些東西不屬於邏輯思考。也因此我們傾向以邏輯態度待之。當我們不喜歡某人，必然講得出理由；當我們喜歡某個案子，必然出於某種邏輯。紅色思考帽則讓我們掙脫這股莫名的義務。

這意謂著我們可擁有一切偏見嗎？這樣不是很危險嗎？正好相反。當偏見強烈注入邏輯裡，其可能危害遠大於被視為情緒處理的偏見。

我不反對探索情緒及其成因，然而那不屬於紅色思考帽的範疇。

情緒變幻無常。有個民調問美國人是否贊成涉入中美洲事務，絕大多數民眾表示贊成，但絕大多數民眾卻也反對任何一種涉入提案。對涉入這個抽象概念表達同意，面對落實後的具體項目則予以反對；這在現實裡是很可能的。邏輯上或許不成立，但在情緒世界裡絕對站得住腳。

紅色思考帽並非情緒的護衛隊，當然總不免有人做此盤算。紅色思考帽其實比較像是一面鏡子，如實地反應情緒所有的面向。

據說對於雪，因紐特人（Inuit，愛斯基摩一支）就有二十種講法。有些文化對愛的細微差異也有二十多種形容。英文與諸多歐洲語文的日常會話中，則沒有那麼多表

達情緒的字眼。英文有喜歡／不喜歡、愛／恨、高興／不高興、快樂／不快樂。舉例來說，對於「正面的尚未決定」，應該要有一個字，「負面的尚未決定」，要有另一個字才恰當；「可疑的」（Supicious）這個字呢，負面意味太重了。

由於紅色思考帽讓我們坦誠面對情感，我們因此得以適當描繪，找出最適合的字眼。否則我們往往措辭強烈，且佐以加油添醋的聲調表情。

「我可以感覺你的遲疑；你不想參一腳，卻也不想落單。你想看看情形再說。等你覺得是時候了，就隨時加入吧。」

「你不討厭摩根，但你覺得他讓你不舒服。你會很想找出討厭他的正當理由。」

「在這件事情上，我們就是不對盤。」

「對冒險的興趣似乎在安靜地消退。並非喪失了熱情，情況比較像是一個灌飽的橡皮內胎正緩慢的漏氣；表面看不出異樣，過一陣子就明顯消了不少。」

紅色思考帽給思考者空間，讓他可如詩人般處理感受。紅色思考帽賦予情感登台亮相的權利。

16

CHAPTER

紅帽思考摘要

　　戴上紅色思考帽，思考者可大方說出：「這是我對此事的感受。」

　　紅色思考帽承認情緒情感在思考上的重要地位。

　　紅色思考帽讓情感具象化，成為思考地圖的一環，同時也在其後決定路徑的價值系統中扮演一角。

　　紅色思考帽予思考者自在切換情感模式的彈性。有此機制才有此可能。

　　紅色思考帽使任一思考者得以探詢他人感受，只要開口請對方說出紅帽想法即可。

　　思考者運用紅色思考帽時，切勿企圖解釋其情緒或提供任何邏輯基礎。

　　紅色思考帽涵蓋兩種廣泛的情感類型。第一類，即我們所知的一般情緒，從恐懼、厭惡等強烈情緒，到比較溫

和者例如懷疑。第二類，我們把預感、直覺、意識、品味、美感等複雜判斷納入這類「情感」，此外也包括一些不那麼確切的感受。當某個看法帶有大量這類感覺時，也符合紅色思考帽資格。

黑色思考帽出場

黑色思考帽是所有思考帽中使用最多的。黑色思考帽可能是最重要的帽子。黑色思考帽是小心謹慎的帽子。黑色思考帽用在小心行事。黑帽阻止我們做違法、危險、虧錢、污染等行為。

黑色思考帽也是生存的帽子。動物必須學會辨別哪些莓果有毒,並看懂捕食者的危險信號。為了生存,我們需要謹慎行事。需要知道要避開哪些危險。需要弄清楚哪些事情不會奏效。這就是生存方式。無論有多有創意,只要犯了一個愚蠢的錯誤,都可能導致毀滅。

黑色思考帽是西方文明的基礎,因為黑色思考帽是思辨的基礎。傳統論證的基礎是指出某些事物的矛盾或不一致之處。黑色思考帽能夠指出某些事物與我們的資源、政策、策略、倫理、價值觀等不符合。

黑色思考帽來自於大腦中的一種自然機制，即「不匹配」機制。大腦有期望效應，大腦認為這就是世界的樣子。一旦遇到不符合現狀的狀況，我們就會感到非常不舒服。這種自然機制確保我們不會犯錯。

食物是極好的，食物對於生命至關重要。但是暴飲暴食可能讓你超重並導致健康問題。這並不是食物本身的錯誤，而是暴飲暴食的錯。

同樣的，有些人過度使用黑色思考帽，花費所有時間尋找錯誤。這不是黑色思考帽的錯誤，而是濫用、過度使用或誤用黑色思考帽。

六頂思考帽其中一個重要的價值在於有「指定時間」，每個人都會被邀請盡可能謹慎、小心和批判。但在其他時間不能批評。

經驗顯示，習慣謹慎並以批判聞名的人會很歡迎六頂思考帽。戴上黑色思考帽時他們能夠充分運用自己的批判能力。當切換到其他思考帽時，思考者就可以放鬆，不用再那麼謹慎。很多時候，謹慎的思考者戴上綠色思考帽後甚至能產生令人驚豔的創造力。

17 黑色思考帽

謹慎和小心

某事物不符合我們的經驗。某事物可能行不通。

指出困難和問題。

遵守法律。

堅守價值觀和倫理。

黑色思考帽是西方思維傳統的「自然」帽子。透過黑色思考帽，我們指出錯誤、不適合和不可行之處。它保護我們免於浪費金錢和精力。它保護我們免於做蠢事和違法行為。

黑帽思考一直都很有邏輯。對於批評必須始終有一個邏輯基礎。如果評論純粹是情感上的，那是紅色思考帽，不是黑色思考帽。

「我不喜歡降低價格的想法。」

「那是紅帽思考。我想要的是黑帽思考。我需要你說出邏輯原因。」

「很好。根據我們過去的經驗，我可以給你銷售數據，降低價格無法彌補損失的利潤。此外，我們的競爭對手也曾降價迎戰過。」

黑帽思考必須要有論點，它必須言之成理。它不僅要在試圖說服對方的嘴巴上具說服力，還要在冷冰冰的文字顯得合情合理。

黑帽思考並非平衡的。戴上黑色思考帽後，大腦變得敏感，專注於尋找可能的危險、問題和障礙。我們關注的是為什麼行不通、不是正確做法。但是戴上黃色思考帽後，則會開始關注利益。

有人說，或許只需要一頂叫做「判斷帽」的帽子。在這頂判斷帽下，思考者將評估情況或解決方案的利弊。但在實際應用上，這並不實用。大腦同時間只能在一個方向展現敏銳。

黑色思考帽的特性使思考者無需同時公平看待事物的兩面。戴上黑色思考帽後，我們被鼓勵謹慎行事。戴上黃

色思考帽後，則致力於尋找好處。想要同一時間兼顧兩者不太可能。

就像其他思考帽一樣，黑色思考帽評論依特定的情況而定。例如：「這輛車的最高時速只有 50 英里。」

這句話是什麼意思呢？

這句可以是白色思考帽評論，因為它只是簡單的陳述事實。

同樣的，它也可以是黑色思考帽評論。一般來說，我們希望汽車速度更快。更具體來說，如果我們急於趕到某地，這句話就成了典型的黑色思考帽觀察。

當然，根據不同情況，這句話也可能成為黃色思考帽評論。例如，這輛車可能是一個年輕人學開車的第一輛車。對於初學者來說，這台車最高時速只有 50 英里是一個優點，因為能減少嚴重事故的風險。

黑色思考帽肯定了謹慎思考的價值與重要性。

「我可以看出這個想法非常吸引人。我們已經考慮了所有的好處。我想這裡需要一些黑帽思考。我們需要了解潛在的危險和困難。這有什麼不利之處？」

「我們需要意識到可能的危險，以便提前提高警

覺。這裡需要一些黑帽思考。」

「我完全支持任命彼得這個職位。但是先用黑帽思考會更明智。」

「在那次廣告宣傳活動之後，銷售額大幅上升。有什麼需要我們謹慎的地方嗎？讓我們進行一些黑帽思考。」

「我們倆都非常喜歡這棟房子。這是很強的紅帽思考。讓我們暫時換一下黑帽思考。」

黑色思考帽為謹慎思考提供了正確的位置。小心謹慎被認可、被合法化，也表明了黑色思考帽只是一種思考模式。黑帽應該被正確、有效地使用。

為了充分利用任何建議或想法，徹底進行黑帽思考非常重要。這有助於評估想法並設計想法。

當黑色思考帽扮演「評估」的角色時，黑色思考帽可以幫助決定是否繼續推進這個想法或放棄它。最終的決策應該綜合考量白帽（事實）、黃帽（好處）、黑帽（謹慎）和紅帽（直覺和感受）。

當黑色思考帽扮演「設計」的角色時，黑色思考帽指

出一個想法的弱點，就可以加以改進。

「看起來這是一個很好的想法。我們來做強而有力的黑帽思考，找出弱點，這樣就可以在發想階段立即處理這些弱點，才不會太晚發現。」

「我們已經決定採取這條路線。我們需要列出所有可能的問題、障礙和困難，這樣才能計畫如何克服它們。所以我們需要黑色思考帽。」

18

黑帽思考

內容與過程

指出思考中的錯誤。

質疑證據的力量。

結論是否合理？

這是唯一可能的結論嗎？

許多傳統的西方辯論攻擊的是辯論過程：如果過程不正確，那麼結論就不會正確。實際上，結論確實可以是正確的，但尚未被證明為正確。

由於六頂思考帽與辯論方法非常不同，因此不必對過程進行詳細討論。但戴上黑色思考帽後，可以指出思考過程本身不足之處。

「你剛才說的話只是一個假設，而不是事實。」

「你的結論並不符合你所告訴我們的內容。」

「那些數字不是你上次展示的數字。」
「這只是一種可能的解釋，但絕不是唯一的解釋。」

　　如果讓人在任何時候插嘴以上類似評論，就會破壞這個方法的價值。我們又回到了辯論模式的限制。因此思考者應該注意只有在戴上黑色思考帽時提出主要的批評觀點。

　　戴上白色思考帽後，有人提出一組銷售數據。在場的某個人知道實際上這些數據是五年前的數據。他應該打斷對方並指出其錯誤嗎？他最好提出另一個白色思考帽觀點。

「你的數據是五年前的。我們沒有更新的數據。」

　　因為六頂思考帽與辯論很不一樣，所以不適用於辯論的規則。這不再是從一個觀點辯論到另一個觀點，而是更多可能性的領域。

「如果增加監禁期限和刑罰，可以減少犯罪。」

這似乎是合乎邏輯的推斷，但在實際應用中可能無效。如果被抓住的風險非常低，或者被人認為非常低，那麼增加刑罰影響不大。也可能犯罪會變得更暴力：罪犯可能會殺害目擊者消滅證據。此外，蹲苦牢可能讓偶發的罪犯「進修」變得更老練。

這些都很有可能。所謂的證據只不過是缺乏想像力而已。

如果有實際的白色思考帽數據顯示，長期和短期上增加刑罰能減少犯罪，那麼這些數據就比表面上的邏輯推斷更有價值。

「放假出遊人數很可能增加，因為家庭收入增加
了，機票價格下降了，旅行團也變得更好，而且
孩童也比較少。」

「大家可能會對旅行感到厭倦。因為在家就可以
休息放鬆的娛樂方式更多了。全球性傳染疾病也
可能阻礙到遠方旅行。」

這些可能性被放在一起，就像平行思考一樣。平行思

考呈現不同的觀點和分歧。

　　邏輯推論很講究正確性。但六頂思考帽處理的是可能性和可能的程度。在現實世界中很難完全確定一件事。我們必須根據「可能性」來採取行動。

　　「那確實很可能發生。但你還沒有證明它是真實的。」

　　確實有時候可以用直截了當、邏輯的方式處理問題。然而，大部分的實際思考都是基於可能性的。

　　雖然很吸引人，但黑色思考帽並不代表可以回到「辯論」的模式。可以指出程序錯誤，可以提出表達不同觀點的平行思考陳述。最終應該要有一份清晰的可能問題、障礙、困難和危險的地圖。可以澄清和詳細解釋這些問題。

　　戴上綠色思考帽時，我們試圖克服或解決黑帽思考時提出的困難。

　　首先，人們確實要很努力才能忍住表達不同意見的看法。這就得依靠會議主席的能力來維持思考帽的紀律了。

19

黑帽思考

過去與未來

未來可能會發生什麼？

是否符合過去的經驗？

有哪些風險？

　　黑色思考帽的一個非常重要的功能是「風險評估」。所有提出的行動都在未來進行。這是「學術」思維與「現實世界」思維之間的重要差別。在學術思維中，僅僅描述、分析和提供解釋就夠了。但在現實世界中，需要行動——我有時稱之為「執行力」。

如果我們採取這個行動，會發生什麼？

可以這樣做嗎？

我們是否有足夠的資源執行？

大家會有什麼反應？

競爭對手會有什麼反應？

哪些地方可能出錯？

有哪些潛在的問題？

它是否會繼續有利可圖？

我們必須以自己的經驗和他人的經驗來推測未來。

「在通膨時期，大家會存比較多錢。」

「在通膨時期，大家會存比較少錢。」

這兩種說法都對。若以前有通膨的歷史，人們不太會存錢，因為他們知道錢會貶值。但沒有這樣的歷史時，他們可能會開始存更多錢，因為覺得需要更多錢。在低利率的地方，人們可能選擇借錢而不是存錢，因為最終的利率可能為負值。

「根據我在化妝品業經營了二十年的經驗，我想說，同一個品牌無法既是精品又是平價品牌，這不會成功。」

「在酒店業中，同一個產品可以進行不同品牌
定位，並且定價差異很大。這已被證明是成功
的。」

這兩個觀點在經驗上來說都有效。其中一個觀點是黑
帽思考，另一個觀點則屬於黃帽思考。在實際操作中，黃
帽評論也可以一項挑戰，對化妝品的黑帽說法提出質疑：
「那未必是真的，因為在酒店業中……」

期望未來並從過去的經驗中吸取教訓時，總是要問這
個問題——那次的教訓是否跟這次有關係？情況是否相
同？

「這種品牌定位策略可能適用於酒店業，因為你
不會直接同時體驗到兩種產品。但是早餐穀片可
能就不一定適用了。」

在黑帽思考中，提出評論的一種方式是說：「我看到
一個危機……」

「我看到競爭對手也將降到跟我們一樣的低價，
這是一個危機。」

「我看到牛奶過度生產的危機。」

「我看到一家新公司將提供無附加條件的保險，這是一個危機。」

「我看到定價過高的危機，因為現在全球許多國家都開始生產優質紅酒。」

20

黑帽思考

過度使用的缺點

批評很容易。

有些人只享受批評的樂趣。

需要貢獻。

正如我之前提到的，黑色思考帽是一頂很出色的帽子。但就像許多出色的事物一樣，它也可能被過度使用和濫用。就如同義大利麵是一種美食，但如果你每天每餐都吃義大利麵，你就不會那麼喜歡吃義大利麵了。

批評比建設性更容易。設計一把椅子很困難，而批評一把椅子就容易得多了。如果椅子簡單，你會批評它過時或乏味。如果椅子華麗，你會批評它俗氣或矯揉造作。只要刻意選擇一個不同的概念，只要你願意，永遠都有東西可以批評。

有些人的自重和自我形象是建立在批評的基礎上。會議中，大家都希望參與、被注意到、做出貢獻，而「是的……但是」的貢獻最容易。如果有九十五％的想法很出色，人們往往會專注於另外不太出色的五％。在發想階段這很有用，因為可以改正那有問題的五％。但在評估階段，就沒那麼有用了，因為應該肯定出色的九十五％。

　　過度使用黑色思考帽其實沒什麼幫助。有些人僅僅是出於本能。那些無法做出其他評論的人只能批評。這變成了習慣。在辯論中養成可以在任何時候提出負面評論的習慣。

　　一旦人們習慣了六頂思考帽的框架，他們會擺脫「永久謹慎」的模式。他們在黑色思考帽下表現得很出色，但他們也在黃色思考帽和綠色思考帽下表現得很出色。他們樂於接受這個機會，在更多的思考帽模式秀出能力。

　　在此最重要的是，要體認到黑色思考帽的優秀和重要，千萬要記得避免過度使用黑色思考帽。

21

CHAPTER

黑帽思考摘要

　　黑帽思考關注的是謹慎。在某個階段，我們需要考慮風險、危險、障礙、潛在問題以及建議當中的缺點。除非充分的謹慎考慮，否則採取任何建議都是極其愚蠢的。黑色思考帽是關於謹慎的思考帽。黑色思考帽試圖避免危險和困難。黑色思考帽指出需要注意的問題，因為這些問題可能過於薄弱或有害處。黑色思考帽引導我們關注需要注意的事項。

　　黑色思考帽可以作為評估的一部分，像是「我們應該採用這個建議嗎？」

　　黑色思考帽可以在「發想」過程中使用，像是「我們需要克服哪些弱點？」

　　黑色思考帽試圖敘述未來的風險和潛在問題，像是「如果我們實施這個建議，可能出現什麼問題？」

黑色思考帽非常關注「適用性」。「這個建議是否符合我們過去的經驗？」「這個建議是否符合我們的政策和策略？」「這個建議是否符合我們的倫理和價值觀？」「這個建議是否符合我們的資源？」「這個建議是否符合已知事實和他人的經驗？」

戴上黑色思考帽後，可以直接專注在「謹慎」。這是生存、成功和文明的基礎。

黑帽思考會指出思考過程中的順序錯誤。但黑帽思考不是爭論，也不能被允許變成爭論。黑帽思考的目的是提出需要謹慎的重點。

如果黑帽思考是唯一的思考模式，它可能會被濫用和過度使用。但這種濫用絕不會減少黑帽的價值，就像「危險和魯莽的駕駛不代表汽車是危險的」一樣。

黃色思考帽出場

　　想像陽光、想像樂觀。戴上黃色思考帽，思考者會刻意尋找建議中可能的任何好處。在黃色思考帽下，思考者想看到如何將這個想法付諸實踐。

　　黃色思考帽比黑色思考帽更難戴上。大腦中有一種自然機制幫助我們避免危險。但對於黃帽，並不存在這種自然機制。因此，大多數人在使用黑色思考帽比使用黃帽時表現得更好。

　　我們需要培養「價值敏感度」。這表示在對危險敏感的同時，對價值同樣敏感。這是一種需要培養的習慣。我曾參加過許多有創意的會議，產生了很多出色想法。但不幸的是，與會者並未看到他們想法中的價值。如果無法辨認出一個好的想法，那麼努力去創造就是浪費時間。這就是為什麼培養價值敏感度如此之重要。

黃帽思考有很高的價值，因為它強迫大家花時間尋找價值。有時，戴上黃色思考帽會有很大的驚喜。一些起初看似不太有趣的事物突然間具有很高的價值。即使是最不吸引人的想法，如果我們足夠努力地去尋找，也可以找到一些價值。

　　黃色思考帽應該在邏輯基礎之上。對於提出的價值觀，應該給出一些理由。黃色思考帽是一種判斷性的帽子，並不基於幻想。「這些價值觀是什麼？」「針對誰？」「在什麼條件下？」「這些價值如何傳遞？」「還有其他的價值觀嗎？」

22

黃色思考帽

正面的懷疑

正面思考。

黃色代表陽光，明亮。

樂觀。

焦點放在優點。

建設性思考，創造事物。

　　持正面態度是一種選擇。我們可以選擇正面看事情；
我們可選擇把焦點擺在事情的正面；我們可以尋找優點。

　　就態度而言，黃色思考帽與黑色思考帽截然相反。黑
色思考帽關注負面評估，黃色思考帽則站在正面。遺憾的
是，本性驅使我們傾向負面，負面思考可讓我們避免犯錯
與風險。正面思維必須包含諸多元素：好奇、歡樂、貪
心、「創造事物」的強烈慾望。我們可以說，人類進步端

賴這種創造事物的念頭。在我那本探討成功的《戰略：成功的藝術與科學》（*Tactics: The Art and Science of Success*）裡有說，成功人士的特質之一，正是這股創造事物的澎湃慾望。

我予黃色思考帽「正面懷疑」的註解，因為我們在談一切規畫行動時是看向未來；未來是這些規畫與行動展開的舞台。而對於未來，我們卻無法如對過去那般肯定，我們不得不抱持懷疑。我們打定主意要做某樣事情，因為它值得去做。而我們對這所謂的「值得」進行的評估，即構成那所謂正面懷疑的「正面」部分。

即使面對發生過的事情，我們依然可選擇從正面看待，或做出正面解釋。

「這件事的好處是我們知道他會怎麼做了，再也不用瞎猜啦。」

「請大家把黃色思考帽戴上，來瞧瞧正面光景。柯達決定進入快照市場，想必會大作廣告。那會提升大眾理解快照的優點，也有助我們的產品銷售——尤其當消費者體認到我的品質比柯達還要好時。」

「沒通過那個考試應該是她生命最棒的事情了，
她當老師是絕不可能快樂的。」

有那麼一小撮人，天生擁有正面性格。多數人會表現
正面，無非是在提出自己意見、或從某件事看見對自己的
好處時。自利乃正面思考的強烈基礎，黃帽思考則不須等
候這類動機。黃色思考帽是思考者可選擇採用的設計，其
正面在於能先結果一步，不必看到提案的優點。黃帽優
先。思考者戴上黃帽，依照黃帽規定，抱持正面樂觀。

拿我之前的上色比喻來說，黃色思考帽為地圖塗上黃
色，正如紅色思考帽塗上了紅色。

「在你做任何事以前，我要你先戴上黃色思考
帽，說出你對這項新做法的意見。」

「你已經講了一堆你不喜歡這點子跟它八成會失
敗的理由。現在請你把你的黃色思考帽緊緊戴
好。這時候，你看到了什麼？」

「從黃色思考帽角度，你能不能看到用塑膠代替
金屬製模的優點？兩者的成本差不多。」

「我想出用兩包裝成一袋賣洋芋片的點子，卻似乎沒人贊成。你能不能幫我用黃色思考帽推銷一下？」

「此刻我不要什麼平衡觀點或客觀意見，我只要徹底的黃帽思考。」

「我的黑色思考帽跟我說，這個新的廉價打火機恐怕有害我們業績；但黃色思考帽告訴我，這便宜打火機可以破壞中間市場，讓某些消費者不得不進入較昂貴的市場，那我們就賺到了。」

「這節骨眼要戴黃色思考帽並不容易，但報業罷工可能會讓大眾領悟到他們有多懷念報紙，報紙在某些方面確實比電視好上許多。」

雖說黃帽思考是正面的，卻也跟白帽黑帽一般，需要同等約束。不是一有意見提出，就拚命進行正面評估，而是得慎重地尋找正面優點。這番尋找有時也會落空。

「我正戴著我的黃色思考帽，但我實在想不出任何正面利益。」

「我會把黃色思考帽戴上，但我不覺得能找到任
何優點。」

　　可能有人說，優點如果不夠明顯，就沒太大價值；也
有人會說，幹嘛那麼傷腦筋去拚命找些沒多大作用的好
處。這些都是不夠了解知覺之故。有些一流的好處，乍看
毫無形跡。但企業家厲害就厲害在此：他們能看到旁人渾
然不覺的價值所在。價值跟好處，絕非明顯易見之事。

23
CHAPTER

黃帽思考

正向光譜

樂觀什麼時候會變成愚蠢？

從有希望到有道理。

何謂「實際」？

有些人呢，儘管明知被騙，卻還是喜歡騙他們的人；他們覺得這個人真誠，就算真的騙人也是情非得已。他們懷念這個人的能言善道，懷念自己如何沉醉於這個人的天花亂墜。

有一種人像快樂小天使，樂觀到近乎於愚蠢。有人認真盼望贏得樂透大獎，簡直把生命繫於這一線希望。有企業家看到阿司匹靈市場如此龐大就覺得只要可以分得一小杯羹，一切投資也絕對值得。

究竟在哪個點，樂觀變成了愚蠢可笑的希望？黃色思

考帽豈不該予以限制？黃帽思考不也該想想發生機率？把這類東西都留給黑色思考帽，合理嗎？

正面光譜的一端是過度樂觀，另一端是邏輯實際。我們要小心使用此光譜。翻開歷史，處處可見因不切實際的夢想而激起的奮鬥終究使得夢想成真。我們若侷限黃色思考帽在可靠的已知範圍，很難期望有何進步。

重要的是看樂觀能帶來什麼行動。若這行動差不多等於希望（就像希望贏得樂透、希望某個奇蹟能挽救企業），樂觀可能放錯了地方；若這樂觀還導致了某些行動，情況更不堪設想。過度的樂觀往往導致失敗，卻也並非絕對。成功之士，正是那些盼望成功之人。

「有那麼一絲機會有人能逃過這場迫降，我們一定要去找找。」

「這個新黨可能會分散對方陣營的得票數。」

「如果我們大力投資促銷這部影片，應該可以大獲成功。」

「這部車有機會獲選年度風雲車種，我們應該準備好後續宣傳。那也許不會發生，但我們得做好

準備。」

　　跟其他思考帽一樣，黃帽旨在為那抽象思考地圖著色。基於這個道理，樂觀建議應予以註明，擺進地圖。之前沒必要細細評估，倒是可以用個大致機率加以標誌。
　　我們可將發生機率簡單分類：

經過驗證
極為可能，根據已知及經驗
機會不小──透過幾件事情的組合
一半一半
有其可能
機會渺茫

　　這與之前用在白帽思考的光譜有點類似。
　　我們可選擇完全不支持機會很低的議案，但這項提案必須擺在地圖上。它在那兒，我們可以拒絕也可以設法強化其發生的機會。如果它不在地圖上，我們就沒得選。

　　「我知道他非常忙，開價也很高，但只管去設法請他來當開幕貴賓就是了。搞不好他會答應，最壞也不過就是被回絕罷了。」

「每個女孩都想當明星，真正當上的沒幾個，所以成功機會不大。話說回來，有人辦得到；你要真想的話，就儘管去做吧。」

「你不大可能在某個村莊古董店找到什麼被埋沒的藝術珍品，但大多數的藝術寶藏卻也是在沒人想像得到的地方被發現的。」

24

CHAPTER

黃帽思考

理由及邏輯支撐

你的正面觀點是根據什麼論點？

你為什麼認為事情會那樣發展？

樂觀的背後原因。

正面評估也許基於經驗，也許基於既有資訊、合理推斷、線索、趨勢、猜測、期望。那麼，黃帽思考者需要解釋樂觀背後的理由嗎？

不解釋理由，這些「好感覺」則無異於紅色思考帽底下的感受、直覺、預感。黃帽思考應該要多做一些。

黃帽思考提供正面判斷，戴黃帽的思考者要竭力為自己的樂觀取得最大支援。這番努力應該徹底而且本著良心，但黃帽思考對象並不限於那可充分解釋的觀點；換言之，出於樂觀的論點也值得全力支持。要是不成功，這些

論點仍可列為猜測，繼續放在思考地圖上。

　　黃帽思考要強調的是探索以及正面揣測。我們努力找出可能利益繼而設法使之合理，以強化最初提議。這番合理支持若不能透過黃色思考帽取得，恐怕哪裡都找不到。

　　「我的黃帽思考認為，煎蛋捲會是很棒的速食餐點。如果要找理由支持這個看法，我大概會說是大家開始注重飲食跟偏好輕食，也會說現在大家早餐比較不愛吃蛋，其他時間吃蛋的機會就相對提高。」

　　「何不考慮出一系列的行動手套？不光只是保暖，還有修車用手套、飲食專用、做家事用等等。現在大家得親自動手的機會更多，而且也更注重自己的外表跟肌膚保養。」

25

黃帽思考

建設性思維

創造事物。

提案與建議。

想像八位善於批判的聰明思考者同坐一室，要討論改善都市供水的方案。沒人拋出提案前，這些敏銳心智都沒辦法運作；提案既出，受過嚴格訓練的聰明便可全力發揮。問題是：提案究竟從哪裡來？誰受過提案的訓練？

批判性思考是思考重要的環節，卻絕非全部。我極反對以訓練批判心智為滿足的觀念。西方思考一直以來便如此，實為不妥。

黑帽思考涵蓋批判的思考層面。在談黑色思考帽時，我再三強調：戴上黑帽的思考者必須全力扮演好這個角色：盡可能鋒利批判。這是思考很重要的一部分，絕不能

掉以輕心。

而建設性、生產性的層面,則由黃色思考帽負責。透過黃帽思考,我們有了點子、建議、提案。而稍後我們會看到,產生新點子方面,綠色思考帽(創意)也是舉足輕重。

建設性思考會放在黃色思考帽之下,因為就態度而言,所有建設性思考都是正面的。提案是為了讓事情更好,也許是為了解決某個問題,也許是企圖做某種改善,也許是想利用某個機會。總而言之,提案的動機是想帶來正面改革。

黃帽思考某個層面屬於回應思考。跟黑帽的負面評估對應,黃帽做的是正面評估;對擺在眼前的意見,黑帽盡挑負面,黃帽思考者則尋找所有正面。我在這個章節就要探討黃帽思考一個不同面向——建設性層面。

「要改善供水,我們可以在艾爾康河上蓋一座水壩,在那兒建一個蓄水庫。」

「五十里外那座山有豐富水源。做接水管是否可行?」

「一般沖水馬桶每次沖水要用掉八加侖水左右,

現在有些新款馬桶只需一加侖，等於每人每天可省下三十加侖用水，或全鎮一天九百萬加侖。」

「水資源回收如何？我聽說有種新的膜處理，很合乎經濟效益，也可解決處理問題。我是不是應該進一步做相關了解？」

上述每一項都是紮實的建議。建議一上桌，就可進一步延伸，最終交由黑帽與黃帽評估。

「各位請戴上黃色思考帽，給我更多具體建議，愈多愈好。」

「約翰，你有什麼建議？我們該怎麼解決這問題？把你的黃色思考帽戴起來。」

此時也許有人會說，提案應由「水專家」提報，那不是外行人的事；這些外行人要做的是運用批判性思考，審視專家送來的提案。這種說法根本是政治語言；技師負責提供主意，政治人物就坐那裡負責評論。政界或許還真有這樣一種角色，卻犧牲了專家的決策權。在其他領域如商業或個人思考，思考者即自身，提供意見之責無可旁貸。

提案跟建議打哪兒來？黃帽思考者如何想出解決之
道？

這本書沒地方探討設計方法跟問題解決，我在我其他
著作另有觸及。黃帽提案並不需要多麼特別或聰明，它可
以是處理類似問題的傳統方法，可以是別處用過的已知辦
法，可以是把幾種手法融合而出的特別方案。

當黃色思考帽引導思考者去尋找提案，要找到提案或
許不難。

「摘掉你的黑色思考帽。別再評估現有這些方
案；戴上黃色思考帽，拿出其他提案吧。」

「戴著黃色思考帽，我建議交給私人企業，讓他
們以競爭價格來賣水。」

「不，我們還沒打算切換到黑帽思考，我不認為
我們已經想過一切可能建議。沒錯，我們是打算
邀請專家顧問，但我們得先擬定一些可能方向出
來。所以這仍屬於黃帽建設性思考時間。」

因此，黃帽思考既產出提案，也負責正面評估各個提
案。兩者間尚存另一個層面，這第三層面即發展或「打

造」提案；這個層次高於對提案被動評估，是進一步的建設，將提案修正、改良、加強。

在黃帽思考的改良層面下，包含對黑帽挑出瑕疵的修正。我之前強調過，黑帽思考盡量挑毛病，但沒有修正的義務。

> 「我們要真把供水權交給私人企業，萬一將來演變成一家壟斷，價格隨便他喊，恐怕公家得付一筆天價才能善了。」

> 「我們可以先訂定價格上限做個預防。以今天的價格為基準，容許通貨膨脹的考量計算。」

我要強調：黃色思考帽這種建設性思考，並不需要特殊的聰明才智。唯一需要的，是提出具體方案的堅定意志；就算提出的方案多普通也不要緊。

26

CHAPTER

黃帽思考

投機

展望未來。

「如果」的價值。

最佳可能狀況。

投機必然跟推測與希望有關。就本性來說，投資人天生投機；也許這個詞用在建商跟貨幣操盤手還嫌保守了些。投機性強的建商連第一個顧客在哪兒都不知道就蓋了房子，接著才開始去找買家。

任何投機者對潛在獲利必然抱著強烈的直覺，也擁有希望。

黃帽思考不只是判斷跟提案，還是一種態度：抱持信念，勇往直前。黃帽思考設法能看到任何利益與價值；一旦有那麼驚鴻一瞥，便毫不遲疑朝那兒展開冒險。

客觀判斷，截然不同於尋找正面價值的企圖心。我以「投機」形容黃帽思考的，便是那不斷努力往前往外探勘的精神。

「最近有一種新的速食開始走紅，用墨西哥手法烹調雞肉餅。請你戴上黃色思考帽，跟我說你看到了什麼。」

「市面上各式保險多到民眾目不暇給，我們是不是可以拿出一種「大衣」式的保險，什麼都涵蓋進去。你帶這點子回去用黃色思考帽好好思考一下，再回來說你想到了什麼。」

黃帽思考這投機面向可謂純粹的機會思考，不屬於問題解決跟改進的範圍。我們被迫得解決問題。沒人被迫尋找機會，但只要願意，任何人都有此自由。

投機思考絕對會先評估最佳可能狀況，這樣才知道這個點子最多能帶來多少利益。如果在最佳可能情況下也沒什麼賺頭，就不是值得努力的主意。

「在最佳可能狀況中，另一家店被迫退出，我們獨霸這個區域的市場。但我看不出那會帶來什

麼可觀利潤。現在那家店的生意頂多只能餬口而已。」

「最佳可能情況下，利息快速上升，我們的可轉讓定息房貸可以讓屋主輕鬆脫手。」

若最佳可能狀況的利益誘人，接著就要評估該狀況發生機率多高──利益又是否真能如預期發生。

黃帽思考從投機面設想了最佳可能情況與最大利益後，就可從「可能性」進行比較務實的評估。最後再由黑帽思考點出可疑之處。

機會常生於探索事態未來發展之時；也出現於「若」某事發生，或某種狀況改變。

「『若』利息下降，債券就會漲價。」

「『若』油價下跌，大車就比較好賣。」

找出可能存在哪些「如果」，也是黃帽思考的投機功能之一。

我們絕不該拿「如果」的探索當做行動或決策的依據；即便有時的確有其需要，例如購買避險基金或火險。

那就是黃色思考帽要探勘的一部分。

黑色思考帽也研究「如果」，而焦點在於風險。黃色思考帽則研究風險的另一面，我們稱之為「機會」。

「這家連鎖旅館怎樣可以獲利？」

「若衛星廣播可用，能為廣告主帶來哪些新契機？」

黃色思考帽投機層面也關乎「願景（vision）」。

稍早之前，我提過黃帽思考扮演的夢想、願景。就某個層次而言，願景超越投機；即便機會渺茫，願景仍可設定目標。

任何規畫之先，都存在某種願景。優秀的業務員會先勾勒一幅圖畫邀客戶分享；規畫師向自己推銷某種正面夢想。先有願景，隨之產生形式、細節。願景涵蓋利益及可行性：這案子很值得做，我們絕對辦得到。

缺乏價值跟使命感的話將難以成就任何事。

「我有個願景：打造誘人的低成本住家。我也相信我知道該怎麼做。」

「我期盼一種新的經濟型態，將使我們得以新的
方式管理財富及生產力問題。」

「我夢想讓思考成為所有學校的基礎科目。某些
國家已經開始這麼做了。」

　　願景帶來的激勵遠超乎客觀評價。願景為思考及行動
設定方向，這就是黃帽思考的第四個面向。

27 黃帽思考

與創造力的關係

建設性與創意的差別。

成效及改變。

新點子與舊點子。

　　創意不在黃帽思考的核心。思考之創意層面主要由綠色思考帽負責，我們稍後即將談到。

　　是的，黃帽思考的積極面向乃創意要素；沒錯，黃帽思考的正向評估與建設性觀點乃創意不可或缺。儘管如此，黃色思考帽與綠色思考帽仍有明顯區別。

　　某人可以是極優秀的黃帽思考者，卻完全不具創意。把這兩種顏色的帽子搞混，代價很高；那會讓一個缺乏創意的人以為：自己不適合黃帽思考。

　　創意涉及改變、創新、發明、新點子、新選擇。某甲

可以是頂尖的黃帽思考者，卻從未發想出任何新點子。善用既有點子，是黃帽思考的適當發揮；這些點子不必是全新的，你甚至根本無須去找新點子，黃帽思考旨在以正面態度完成事情。就黃帽思考而言，效能遠比新意重要。

「創意」（creative）這個詞在英文裡所指甚廣，不免引起一些困惑。其中有兩個相差甚遠的含義，第一個指「帶出某種東西」，照這解釋，某人可創造混亂，木匠可創造椅子，企業家創造一座企業。第二種層面：「嶄新」。這下子又讓人糊塗了，因為嶄新也有兩種。第一種新，跟之前狀況不同；舉例來說，你們公司有了個「新」的聯絡系統，但這套東西其他幾千家公司老早就在用了。新的第二種層面，則是絕對的嶄新，比方某個前所未有的發明或概念。

談到藝術家會碰到兩難。舉例而言，某畫家顯然帶來一種前所未有的新元素，其作品跟以前的絕對不盡相同，於是這算「嶄新」。畫家或者風格強烈，以此風格畫出人們熟悉的風景，帶來了新意，但該畫也許沒有任何新概念。就某個意義而言，畫家可說是某種風格的生產線。

黃帽思考很在乎把事情提出來。黃帽思考也許會借用別處曾用過的點子。面對問題，黃帽思考也許會綜合找出不同方案。黃帽思考甚且可能會定義機會。而黃帽思考不會改變觀念或認知，那是綠色思考帽的功能。

正面看待事情，這種態度也可能激發新的領悟；這倒是有可能發生在黃帽思考身上。

「那杯威士忌並非半空，而是半滿。」

黑帽思考可指出某個謬誤由黃帽思考加以修正，黃帽思考也可定義某機會，交由綠帽思考以創新手法開發。

「愈來愈多人得在城市停車。我們如何能從中獲利？」

「假如我們能讓更多商務旅客上門住宿，就能提高住房價格。但是要怎麼吸引這類客人？我們先提出一般的點子，再戴上綠色思考帽發想新點子。」

28

CHAPTER

黃帽思考摘要

　　黃帽思考正面而積極。黃色象徵陽光、明亮、樂觀。黃帽思考關乎正面評估，就像黑帽思考關乎負面評估。

　　黃帽思考涵蓋的正面光譜，一端是邏輯與實際，另一端乃夢想、願景、希望。

　　黃帽思考深入探索潛在的價值、利益，找到後再努力尋找邏輯論述。黃帽思考設法拋出有合理基礎的樂觀，卻不受此限──它也盡可提供任何形式的樂觀。

　　黃帽思考富建設性及生產力。黃帽思考帶來紮實的提案與建議。黃帽思考關乎行動技巧，具體實踐。對充滿建設性思考的黃色思考帽來說，成效是主要目標。

　　黃帽思考可以從投機角度出發，尋求任何機會點。黃帽思考同時也允許願景和夢想。

黃帽思考不包括純粹的正面陶醉（紅帽），跟創造新
點子（綠帽）也不直接相關。

綠色思考帽出場

綠色思考帽是代表活力的帽子。你可以想像植物的綠葉、生長和新枝。綠帽是創造力的帽子。

在綠色思考帽下，我們提出新的想法。在綠色思考帽下，我們提出各種選擇和替代方案，包括顯而易見的替代方案和新鮮的想法。在綠色思考帽下，我們試圖修改和改進提出的想法。

綠色思考帽的價值在於指定每個人時間來努力進行創造。創造力不再只是「點子王」的事，其他人只能呆坐一旁等著抓住一個點子。當戴上綠色思考帽時，每個人都被期望著努力創造些什麼，否則就只得靜靜坐在一旁。一般人們都不喜歡呆坐，所以他們會努力發想。

為創意發想分配時間非常重要。這也表示了創造力是思考的重要組成部分。

「期望」也非常重要。人們很擅長做別人期望的事。人們很擅長參與他們認為正在進行的「遊戲」。結果是，從來都不覺得自己有創造力的人開始努力發想創意。信心也隨之增加，很快的，就像其他人一樣具有創造力。

　　在綠色思考帽下，人們被允許提出「可能性」。可能性在思考中扮演著比大多數人認為更重要的角色。沒有這些可能，你無法進步。兩千年前，中國的科技遠遠超過西方的科技。後來卻停滯不前。有人解釋是因為中國人沒有發展假說。沒有這個關鍵心智軟體是不可能進步的。

　　那些認為進步來自於資訊分析和邏輯推斷的人完全錯了。如果沒有「發展可能性」的框架，我們甚至無法以新的方式看待資訊。

　　戴上綠色思考帽後，我們能夠提出行動方案：「我們可以這樣做，或者這樣做，或者這樣做。」綠色思考帽也可以用在克服黑色思考帽提出的難題。綠色思考帽能建議修改一個想法以避免碰到困難。綠色思考帽也可以建議我們需要一個額外的想法。

　　綠色思考帽包括即興的創造力和有意識的創造力。

　　如果綠色思考帽提出了許多想法和可能性，但在會議上沒有足夠的時間考慮所有這些。我們可以使用紅色思考帽來選出那些似乎符合特定框架的想法。例如，框架可以是「低成本的想法」或「容易測試的想法」。而其他想法

可以晚點再處理。這樣一來綠色思考帽依然可以發揮實際
功用。

29

綠色思考帽

創意思考

新點子、新概念、新領悟。

努力孵化新點子。

替代方案，更多的替代方案。

改革。

看待問題的新角度。

綠色思考帽的焦點在新的想法，看事情的新角度。綠帽思考揚棄舊思維，以尋獲更棒的想法。綠帽思考關乎變革。綠帽思考是為了朝此方向前進，刻意而專注的努力。

「我們來想些新點子。請戴上各位的綠色思考帽。」

「我們動彈不得啦。我們一直困在些老想法中，非得找出新的途徑不可。事不宜遲，該是綠色思考帽上場的時候了。」

「針對這問題，各位提出了一些傳統方案，我們待會兒再來看。這會兒我們先用十分鐘做個綠帽思考，看能不能想出截然不同的新方法。」

「這得要綠色思考帽來解決。」

我們需要創意，因為別的都不管用了。

我們需要創意，因為我們認為可以有更好、更簡單的處理方式。

以更好的方法處理事情，這股強烈意念該是鼓動我們思考的泉源；但運用創意，有時得憑藉人為的聚焦手法。綠色思考帽允許我們轉換為「創意」角色，正如紅色思考帽讓我們切換至「感情」角色、黑色思考帽切換至「負面」角色。

實際上，在所有的思考帽當中，我們可能最需要綠色這頂。進行創意思考時，或許得故意用些不合理的點子當餌，所以有必要先讓大家明白，我們刻意扮小丑是為了激發新的想像。即便未能達此目的，新點子仍須仰賴綠色思

考帽呵護生存，否則將如秧苗遭逢霜害，立即遭黑色思考帽橫掃。

我之前多次提過，六頂思考帽的指涉作用有多方值。你可以要求某人戴上某一頂帽子，進行那般思考；你可以點出當下似乎需要哪一頂帽子；你可以示意他人，你準備採取哪種思考模式——大家便知道應該如何妥善回應。而最重要的是你也可以向自己示意。這在綠色思考帽格外重要。你刻意戴上這頂思考帽，表示你將刻意撥出時間進行創意思考，那跟坐在那兒乾等靈感來臨絕對不一樣。綠色思考帽戴了半天也沒出現任何新點子，重點是有做這番努力。漸漸習慣之後，你會發現成果開始豐碩。如此，創意不再只是奢望，而是思考過程的正式一環。

多數人覺得創意思考很難，因為那跟我們習慣的認可、評斷、批判相反。大腦被設計成「認可機器」：建立模式加以應用，抵制一切「有違」既有模式的事物。多數思考者寧可保險起見，希望自己是正確的。創意會涉及挑戰、探索、冒險，涉及「思考實驗」；誰都不曉得實驗結果如何，但是希望你做做看。

> 「記住喔，現在我戴著綠色思考帽，所以我可以
> 講那類東西。這是綠色帽子的意義。」

「我們不是該戴著綠色思考帽的嗎？怎麼大家都這麼負面，這不成了黑帽思考嗎？」

「我的綠色思考帽建議是發一筆可觀津貼給出獄的長期囚犯；那可幫助他們回社會重新做人，讓他們有所顧忌，不致魯莽再犯。各位若覺得這想法很荒唐也沒關係。」

「頂著綠色思考帽，我想建議我們把業務團隊整個開除。」

　　綠色思考帽本身不能使人變得有創意，但能為思考者提供創意所需的時間及專注。當你花工夫尋找其他方案，就有機會找到更多。很多時候，有創意的人不過就是花更多時間嘗試創意的人，因為創意容易激發他們。綠色思考帽就是一種人為的激勵。激勵人想出創意固然不易，叫人戴上綠色帽子提出綠色思考卻一點也不難。

　　創意不只是正面樂觀。正面與樂觀的感覺屬於紅帽；正面評估屬於黃帽；綠帽思考則需要確實的新點子、新角度、更多替代選擇。

　　白帽思考之下，我們期望獲得中立客觀的資訊；黑帽思考讓我們期待確切批評；我們希望透過黃帽思考得到正

面評價，儘管不見得絕對能夠；我們希望經由紅帽得知所有相關感受，包括中立情感在內。而綠色思考帽卻不能要求獲得，只能要求付出。我們可要求撥出時間發想，但思考者不見得能想出任何創意。重點在於——我們有撥出時間做這番努力。

　　你不能命令自己（或他人）想出新點子，但能命令自己（跟他人）花時間嘗試去想。綠色思考帽正為此提供一條正式出路。

30 綠帽思考

水平思考（*Lateral Thinking*）

水平思考及與創意的關聯。

幽默與水平思考。

自我組織資訊系統的模式切換。

　　我用創意來探討綠色思考帽，因為大家熟悉這名詞。讀者可能不曾聽說過我，也不熟悉「水平思考」的概念。

　　同時我也想指出：綠帽思考涵蓋廣泛的創意努力，並不僅限於水平思考。

　　我於一九六七年發明「水平思考」（Lateral thinking）一詞，如今成為正式英語詞彙，牛津英語辭典（*Oxford English Dictionary*）提及我是該名詞創始人。

　　會創造「水平思考」一詞，乃出於兩個必須。第一，如我在黃帽思考所指出：「創意」一詞過於廣泛且流於模

糊，從製造麻煩到作曲，似乎無一不可納入。水平思考則精確指向觀念、認知的改變；這些是由歷史決定的經驗組成（模式）。

第二個必須原因：水平思考直接根據自我組織資訊系統中的資訊行為（information behavior），水平思考是非對稱模式化系統（asymmetric patterning system）中的模式切換（pattern switching）。我知道這聽來過於技術性，想運用水平思考並不需先懂其技術基礎；這些解釋，是為了那些堅持要了解其基礎的人。正如邏輯思考建立在符號語言行為（那是一種特殊領域），水平思考也建立在模式化系統行為（那也是一種特殊領域）。

實際上，幽默感與水平思考這兩種機制關係非常密切；兩者都仰賴認知模式的非對稱本質。因此，我們才得以大幅跳躍，撥雲見日。

水平思考技法（各種形式的刺激、「轉移」），跟模式化系統作用直接相關；透過這些技法，思考者不僅能循既有模式且能跳躍其中。當思考者穿梭跳躍找出了頗為可行的全新模式時，新大陸就在眼前了。

我們的思考多被導向「處理」層面，也由此發展出各種優異系統如：數學、統計、資料處理、語言、邏輯。但這些處理系統，都必須憑藉認知提供的文字、符號、關係才能運作。認知將周遭複雜事物簡化為這類形式。水平思

考發揮作用嘗試改變既有模式，就是在這塊認知區域。

水平思考涉及態度、觀念、步驟、技巧。我曾在其他多處提及（如《水平思考》〔*Lateral Thinking*〕與《創意有方：水平思考談管理》〔*Lateral Thinking for Management*〕），不在此書贅述。

但我在後面章節會探討幾個水平思考的基礎論點，因為它們也是綠色思考帽的運作根本。

31

綠帽思考

轉移取代評斷

以概念為墊腳石。

這會帶我往哪兒走？

點子的往前效應（forward effect）。

一般思考中，我們運用判斷：這概念跟我已知者相比如何？與我既有的經驗模式相比如何？我們判斷它確實屬於既有或指出不符之處。批判思考與黑帽思考就是直接檢驗某個建議是否合乎已知。

這可稱之為概念之「回溯效應」（backward effect）。我們回顧過往經驗做為評斷基準。一如形容詞必需適合形容對象，我們也希望新點子符合我們所知，否則何以判別是非？

對多數思考來說，評斷（無論黃帽或黑帽類型）非常

重要，是後續所有思索的起點。然而，綠色思考帽必須採用另一種概念，以轉移（movement）取代評斷。

轉移是水平思考的關鍵概念，也是我發想出的另一個名詞。我得鄭重澄清，轉移絕非欠缺評斷。早期不少創意思考研究談及如何延遲做評斷，我認為那些理論都過於薄弱，因為根本沒指出該怎麼做──只講不該怎麼做。

轉移是積極的。我們會採用某個意見，正因其具備轉移價值。有幾種方法可找出轉移價值，包括汲取原則、專注於差異等等。

因為這股轉移能量，一個想法才具有往前效應。我們採用某個想法，看它會把大家帶往何處，能創造出何種局面。這想法讓大家往前邁進。一如踩著踏腳石過河到彼岸，我們藉著刺激改變模式。

我們即將發現，刺激跟轉移其實是合作伙伴。沒有轉移概念，我們無以使用刺激；除非使用刺激，否則我們將始終困在既有模式裡。

「我要你用那點子的轉移作用，別管評斷。假設大家全都變成警察。」

我在一九七一年四月《紐約雜誌》（*New York Magazine*）封面故事提出的「守望相助」（Neighbourhood

Watch），正是一種刺激手法。如今，全美兩千多個社區落實此一概念，民眾充當警察耳目——以防範鄰近犯罪。據說那些社區犯罪率皆有顯著下降。

> 「假設我們把漢堡肉做成方形。你能從這點子想
> 出什麼轉移價值？」

> 「假設有種可轉讓保險債券，持有人可直接賣給
> 另一個人。來些綠帽思考吧。」

這也許會衍生出讓保險真可轉讓的主意，則民眾將得評估自己所屬風險類型。如果你屬於 AAA，可享萬能保險債券某些好處；如果你僅列於 AA 類型，則只能享少數幾種。

拿一個點子當墊腳石，最後也許會生出截然不同的想法，因我們僅從那些墊腳石中取部分原則應用。有時我們始終堅持「秧苗」點子，悉心維護使成為健康植物；有時我們可能從一個模糊念頭著手，逐步使之成為切實具體意見。這都是轉移層面，重點在於我們不斷向前邁進。

> 「有人建議，有意升遷的人都必須穿著黃色襯衫
> 或長褲。請各位戴上綠色思考帽，告訴我這點子

讓你聯想到什麼。」

「這讓我想到選擇穿黃襯衫的人的自我形象；他
得符合那樣的形象才行。」

「這讓我想到我們可以怎麼挖掘那些有企圖、但
能力未到的人。比較好的做法，可能是為這些人
提供訓練，強化技能。」

「這讓我想到遊戲規則。黃襯衫會成為升遷的一
項明確規則，人人都很清楚。現在有多少員工了
解自己要怎樣才能獲得升遷？」

「這讓我想到不想被拔擢的員工。他們可藉著不
穿黃色表明只想繼續目前職位的心意。」

「這讓我想到挑選領導人的問題。任何人決定穿
黃色以前，對自己必須相當有自信。」

從這種互動中可產生不少有用點子，卻都不必真的用
上一件黃色襯衫。

「有人提出建議說，週六來工作，週三休息。各位可以給我些綠帽思考嗎？」

「大家都不想週末當班，所以有人建議我們雇一批專門負責週六／週日時段的人。這點子似乎不可行，但我們姑且給它綠帽思考一下吧。」

實際上，最後一個主意經過測試，大為成功。經過一番綠色思考帽的琢磨，這點子顯得頗值一試（以這個例子而言，黃帽思維或許也會導致同樣成效）。

轉移應該遠遠超越正面評估，它是動態過程，不是評斷過程。

這點子有趣之處在哪兒？新鮮之處是什麼？它建議的重點是？會導向哪個方向？這類問題全都屬於轉移概念。

關鍵重點是：在綠色帽子的思考中，移動概念取代了批判。

32

CHAPTER

綠帽思考

刺激之必要

「Po」一詞的使用。

荒謬的邏輯。

隨機刺激。

看科學發現文獻，你會以為它們全很邏輯性地按部就班而行。有時情況確實如此，有時則僅是一種事後之明。預料外的錯誤意外會發生，碰撞出嶄新點子。抗生素是細菌培養皿不小心污染的結果；哥倫布（Columbus）敢橫渡大西洋，據說是他一開始在計算距離時出了嚴重錯誤。

自然界充滿這類激發因子。你無法預期，它不在目前思考之中；它之所以存在就是要讓思考出軌。

激發的邏輯直接來自非對稱模式化系統（請參見我的著作《Po：超越是非以外》（〔*Po: Beyond Yes and*

No〕）。

我們可靜待刺激的發生，也可蓄意製造——如我們在水平思考所做的。善用刺激乃水平思考之核心。

前一章我們探索了移動概念，那就是我們運用刺激的意義：為了產生移動作用。現在可以看看如何製造刺激。

多年前我發明「po」這個字眼作為一象徵性的指涉名詞，表示某想法因轉移價值而被視為刺激因子。你想要的話，可把 po 這兩個字母視為「刺激性的操作」（provocative operation）。

Po 有如休戰的白旗。若射殺高舉白旗來到城下的敵人，是不合規矩的；以黑帽評判去攻擊由 po 保護的意見，同樣如此。

就某個層面——如我之前提過的——po 與綠色帽子的作用相當。戴上綠色思考帽盡可暢談「瘋狂」想法，幅度遠超過 po；po 則比較明確，有針對性。能兩者並用是最好。

「Po 車種的輪胎應該是方的。」

「Po 飛機應以機腹朝上的方式降落。」

「Po 買家應該是商家幫他們的消費買單。」

「Po 老闆們應該升遷自己。」

「Po 污染廠應同時在自己下游處設公司。」

最後一個發想衍生出這個念頭：立法規定任何沿岸設立的工廠都需在下游檢驗水質；讓他們變成第一個檢驗自己工廠污染程度的單位。

若追究 Po 的字源，可想像是下列這類詞彙：hypothesis（假設）、suppose（推想）、possible（可能），甚至 poetry（詩）；在這些名詞中，每個點子的誕生必然都具備前進效應──好激發其他事情。

照定義來說，所謂荒誕、不合邏輯的想法不可能存在於日常經驗；換言之，它在既存模式之外。刺激便如此迫使我們脫離認知常軌，這樣的轉移可能導致三種情況：我們也許完全不能動；我們也許回到往常模式；我們也許切換到嶄新模式。

從點子獲得轉移能量有正式方法，建立刺激同樣也有正式方法；這些技法便構成了水平思考。

舉例來說，一種建立刺激的簡單方式即「逆轉」（reversal）：你先找出某事發生的順序，再逆向往前推到起點。

「消費者通常得花錢買東西。咱們來逆轉一下。Po，店家付費給顧客。」

「這可引發交易點數的想法：消費者每一筆購買，都能賺到一小筆金額。」

「這激起另一個點子：每進帳一千元就抽一次大獎。」

刺激不必然荒誕或不合理，嚴肅想法也可視為一種。當某人提出你不喜歡的意見，平常你可能馬上戴起黑帽駁斥，現在可以改戴綠色思考帽，把那個意見當作刺激。我們隨時可以做這樣的選擇。

「我不認為你說的商店「榮譽制」行得通，那太容易被人們濫用了。不過我會戴上綠色思考帽把這提議當刺激來看：人們自己算帳也可能多算，加加減減也許最後會打平。」

尋找刺激點有一種非常容易的方法：隨機單字。你可以拿一本字典，隨便想個頁數翻開，然後再根據想到的第二個數字從這頁找出那個單字。舉例來說，你想到第九十

二頁的第八個字。名詞，比動詞或其他詞性好用；準備一張日常名詞，又比字典好用。

假設我們要想些有關香菸的新點子。如此隨意找出的名詞是「青蛙」。

「好，現在是香菸 po 青蛙。青蛙會跳嘛，所以我們可以設計一種很快熄滅的菸，這也許可避免引起火災，也讓癮君子可以抽個短菸，回頭想抽時再拿起同一根菸繼續。這個新品牌名稱乾脆叫『小不點兒』，整個設計確實短小，每次頂多維持兩、三分鐘。」

「我想要一些有關電視的點子。隨機名詞是起司：電視 po 起司。起司上面有洞，Po 電視有洞洞，這意謂什麼呢？也許螢幕上可以有好幾個『視窗』，讓你同時觀賞想看的其他頻道。」

依照邏輯，說出某件事情之前應該先有個道理。而為了刺激效果，那個道理可能要等話講出來以後才會找到。刺激帶來效果，這效果的價值值得一番雞飛狗跳。

隨機字眼竟有助於解決問題，很多人會覺得不可思議。隨機意謂這個字沒有特殊意義，但從非對稱模式化系

統的邏輯來看，不難理解隨機名詞何以有效：它提供了一個截然不同的起點。當我們從那個新起點回溯，我們有機會看到與直接思考完全不同的沿路風景。

之前說轉移是綠色思考的基礎概念，刺激也是。到法國你說法語；戴上綠色思考帽，刺激跟轉移就等於創意的文法。

33 綠帽思考

替代方案

太容易滿足。

路線、選項、抉擇。

不同層面的替代方案。

在學校算數學,算出結果就是答案,你繼續算下一題。沒必要花更多時間在前一題,因為當你算對了,不會有另一個更好的答案。

很多人把這觀念帶到日後人生,任何問題一有解答就停止思考,第一個出現的答案就滿足了他們。但真實人生與學校算術完全不同,答案往往不只一個,其中有些比較好;也許成本較低,品質較好或比較容易實施。以為第一個答案最好,實在不妥。如果時間緊迫,眼前問題又一堆,妥協於第一個答案還情有可原 —— 否則實在說不過

去。如果醫生只憑第一個念頭處理你的病痛，你願意嗎？

　　所以我們認可第一個答案，知道自己隨時可加以更動，繼續尋找其他方案。手上有幾種選項之後，即可挑出最符合需求與資源的最佳選擇。

　　我們可能有相當不錯的做事方法，但不表示此外沒有更好途徑，於是我們努力找尋。這就是精益求精的基礎與更正錯誤或解決問題不同。

　　到目前我談的是在已有解決方式的前提下尋找更佳途徑，但有時，我們連第一條路都還沒找到。

　　規畫旅程時，我們會準備幾種路線。心中描繪某種狀況的地圖時，我們開始尋找抵達目的地的不同路線。

　　替代方案意謂著做事方法常不只一種，看事情角度也是如此。

　　認可替代方案存在並設法尋求，這是創意思維的基礎。事實上，各個水平思考技巧的目的即在於找出新的可能性。

　　這種尋找（觀念、解釋、行動）其他可能的意願，便是綠帽思考的核心。

「競爭報社把售價提高了。各位請戴上綠色思考帽，寫下所有可行方案。」

「我們收到一張紙條要求一大筆錢，否則要給商
品下毒。我們先看眼前有哪些選擇，再戴上綠色
思考帽想想更多辦法。」

　　尋找替代方案，隱含的是一種創造性的態度，表示你
接受不同途徑的存在。要找出明顯替代方案不見得需要殊
創意，可能只需全神貫注，列出所有已知方法。這還不
夠。就像我們得努力找出第一個答案以外的解法，我們也
得用創意在那堆明顯選項之外找出其他。嚴格說，這額外
的努力靠綠帽思考即可辦到，而前面那段尋找甚至用白帽
思考就行：「一一列出這種情況通常會採取的做法。」
　　而為了應用方便，這些尋找都放在綠色思考帽底下。
　　企業訓練極重視做決策，但一個決策的品質與決策者
面對多少選項有絕大關係。

「我們得決定假日營的地點。各位把綠色思考帽
戴上，告訴我所有可能選擇，然後我們再從中過
濾。」

「這些電腦要如何零售？有哪些替代策略？」

　　很多人相信，邏輯性的審查就能涵蓋一切選項。在封

閉體系或許如此，真實人生卻甚少為真。

> 「我們只面對三種可能做法：保持價格不動、降
> 價、漲價。沒別的路可走。」

沒錯，任何價格調整最後都不脫上述三種選項，但其中卻存在非常多的可能變化。我們可以只調降部分商品；我們可以改變商品，打低價位；我們可以變化促銷手段來支撐商品價格（保持原價或甚至調漲）；我們可以短期降價然後調回；我們可以價格不變但給個特別折扣；我們可以降低價格，不同選擇另外收費。等我們考慮過這些可能（還有其他很多、很多），就真的可以分別歸於上述三種選項。反之，若一開始光是列出那三種，並不能生出其他可能辦法。

缺乏變通的思考者易犯的錯，就是只列出了主要大項就此打住。

> 「我真打算做的是同時漲價跟降價。我們要分別
> 推出低價大眾產品跟高價精品線。」

選擇方案有不同層次。我有些空檔該做什麼呢？我可以去度假，可以上個課，可以好好整理植物，可以把一些

工作弄好。

決定度假的話，就來到了下個層次。我希望什麼樣的度假方式？也許是陽光沙灘的組合，也許搭郵輪，也許想要運動型態。若決定挑陽光沙灘，就又到了下個層面：我要去哪兒？也許地中海，也許加勒比海岸，也許太平洋小島。接下去得再決定怎麼去、住哪裡。

尋找可能方案時我們會守住考量層面，不會跳脫。

「我要你設計雨傘把手，你卻給我雨衣。」

但偶爾，我們要提出質疑往上到較高層次。

「你要我想卡車裝貨的方法，而我要說：我們用
火車運貨比較合理。」

「你叫我建議廣告媒體，我跟你說，這筆錢應該
花在公關上面。」

有時儘管放手質疑前提調整層次，卻也要做好在特定層面找出方案的準備。要解決的是這個題目，創意人卻解決另一個題目，這是創意令人詬病之處。何時該守住前提，何時該掙脫，這個兩難必須考慮清楚。

接著要談可能是所有創意活動最困難的部分——創造性暫停（creative pause）。這東西並不存在，除非我們刻意製造。

事情進展十分順利，我們研究了所有明顯方案，也找出各種解決途徑。創意還能幹嘛呢？

我有一次花了十分鐘想盡辦法讓一個根本沒響的鬧鐘安靜。當下我完全沒停下來思考那個聲音恐怕來自其他鬧鐘。

什麼時候需要創造性暫停？就在我們這麼想的時候：「我沒理由在這時停下考慮其他辦法，但我就要。」

我們一般傾向解決問題，沒問題就一路繼續下去，不會沒事停下腳步，要求自己想更多。

「各位別以為我們碰到問題了，並沒有；但在車子上市前，我要各位戴上綠色思考帽，就我們給車子烤漆的作業習慣來個創造性暫停。」

「大家就這一點來個創造性暫停吧：業務員做成一筆生意就可拿佣金。」

「考慮一下車子的方向盤，它表現很好。暫停一下，提些綠帽想法吧。」

34

CHAPTER

綠帽思考

人格與技巧

創意是技巧、天分、還是人格？

換面具比換表情容易。

以展現技巧為榮。

常有人問我，創意是技巧、天分或人格？正確答案是三者皆有可能，但我不那麼回答。我們如果不努力培養創意技巧，它就只會是一種天分或人格；人們太理所當然地把創意當成這兩者之一，想說既然自己沒有，創意就交給別人去吧。所以我要強調刻意培養創意思考技巧（舉例來說，透過水平思考方法）。我也要指出，有些人還是比較擅長此道，就像有些人網球或滑雪特別突出一樣，但多數人還是能達到不錯的水準。

我不贊成創意是特殊天分的想法，我把它看作思考的

一般且必要因子。我們不可能都是天才，而也不是每個打網球的都想拿溫布頓冠軍。

我常聽人講某某是天生的黑帽思考者，打擊別人意見或改革建議，似乎總帶給他們快樂。人們繼續問我，有沒有可能軟化這種人的性格，讓他們就算不採取人家提出的創意，至少可以學會包容。

我不認為能改變人格，卻相信一旦目睹創意的「邏輯」，則我們對創意的整個態度就可能永遠改變。我確實碰過好幾個活生生的例子。最有效的方法就是採取綠色思考帽概念。

「當你戴著黑色思考帽時，表現非常傑出。我不是要打斷你的批判成效，但你的綠帽思考呢？來看看你這方面怎樣吧。」

「也許你寧可當個一帽思考者，也許你並非全能，也許你只能唱一種調，也許你將只能扮演負面思考專才。那麼，以後若不是需要黑帽思考，我們不會再邀你參加討論。」

沒人想被看扁。善於黑帽思考的人，也會希望自己的綠帽思考過得去。

黑色思考帽跟綠色思考帽的分野在於：黑帽專家不認為自己需要為了創意而收斂；只要合乎邏輯，他絕對使出渾身解數往負面走（所以我說改變人格不容易）。

喜劇跟悲劇的面具不同，演員自己不變，戴哪個面具就演好那個角色。他以能同時演好悲喜角色為傲，他以自己的演員技巧為榮。

同理，思考者應以自己的思考技巧為榮，意謂著他要能夠戴上這六頂思考帽的任一頂，隨時切換模式，進行適合的思考。我在本書之初提過這點，此處再提，是為了處理負面人格。

「現階段我們是在進行綠帽思考，如果你辦不到，就先閉嘴。」

「你至少可以試試綠帽思考。試都不試一下，怎麼可能建立起任何信心呢？」

創意思考往往居於劣勢，因為它從不被當成思考的必要環節。而透過綠色思考帽的正式性，它的地位陡然提升，使創意與其他思考面向獲得同等的認可與尊重。

35

CHAPTER

綠帽思考

那些創意呢?

下一步會如何?

意見的修改剪裁。

概念經理(concept manager)。

創意最弱的環節在點子的「收成」期。我參加過很多創意會議,見證了許多好點子的形成,但它們卻多在最後回報階段成為遺珠之憾。

我們往往只重視最後出線的好辦法,不在乎落選者。其實除了那個好辦法,其他很多可能極有價值。當中也許有些新的概念方向,儘管如何走向哪裡還不明確;也許有些孵化一半的想法需要更多琢磨才可用;有些新原則也許已經出現,只是還沒被賦予正式面貌;也許「點子風味」(產出的點子型態)有了改變;也許大家認知的方案區域

（大夥兒尋找解決方案之處）有了移轉；也許「點子敏感地帶」（新概念可能扭轉乾坤地帶）有了新的定義。這些都該受到重視。

　　創意過程應包含修改與剪裁，以符合兩大需求。第一種是狀況需求。要努力把一個想法形塑成可用得仰仗限制。限制等於一把雕刻刀。

　　「那主意很棒，但太貴了，我們能否修改得便宜點兒？」

　　「目前的建築法不允許我們那麼做。我們能否把這想法修改到不致觸犯法規？辦得到嗎？」

　　「那對大企業而言會是個好產品，但我們不是大企業。有其他辦法採用這點子嗎？」

　　請留意，限制在這兒的作用是「修改」，而非「排除」網。

　　第二個必須滿足的需求來自負責落實點子的那些人。可惜這世界並不完美。若每個人都能像發想人一樣清楚看見點子蘊藏的美妙跟潛力多好；事實卻往往不然。因此我們得在創意過程修改點子，讓它更符合必須「買單吃下」

這點子的人的需求。

「目前他們只在乎省錢。有什麼辦法讓這點子顯得省錢——現在或以後都好？」

「要讓他們接受，點子不能太前衛，看來得跟以往用過且有效的有些類似。我們能做出哪些對照？」

「上面強調，一定要能先小規模測試點子的效果。」

我們能怎麼測試這點子？

「高科技當紅，電子科技能改良這點子嗎？」

有時這過程似乎接近不誠實，但為買家設計商品無所謂不誠實。點子原就該設計成（公司裡的）買家想要的模樣。

我在某些著作中曾建議公司設置「概念經理」（concept manager）一職。這個角色負責點子的激發、蒐集、看護。這位會發起點子激盪會議，這位會把問題帶到

有辦法解決的人面前，這位像財務經理看守財務一樣地悉心看守所有點子。

若有這麼一個人，綠帽思考所得到的成果就有地方落腳。沒這號人物存在，那些成果就只能由產出者自己珍藏。

下一步是黃帽階段。包含點子的建設性發展，也包含正面評估、挖掘利益與價值，這類議題在黃帽思考下進行討論。

然後是黑帽思考。但需要時隨時可叫出白色思考帽，以提供資料評估點子可行與否，或是就算可行是否確實值得。

最後來到紅帽思考：我們真的那麼喜愛這個點子，想**繼續**下去嗎？以情緒感受作為最終取決依據似乎很怪，但前提是這情緒判斷已通過了黑色思考帽和黃色思考帽的審核。說到底，任何點子若缺乏熱情支撐，再怎麼完美也很難成功。

36

CHAPTER

綠色思考帽摘要

這頂帽子是用來創意發想的。戴上綠色思考帽的人將使用創意發想的技巧。旁人需要將此視為創造性的產出。在理想情況下，思考者和聽眾都應該戴著綠色思考帽。

綠色思考帽是創意發想，象徵著生育力、成長和種子的價值。

尋求替代方案是綠帽思考的基本要素。要比已知、顯而易見和令人滿意的範疇還要多更多。

綠帽思考者善用創意暫停（Creative Pause），在任何時候都會思考是否存在替代的想法。而這類的暫停不需要理由。

在綠帽思考中，發展想法的方式取代了評論。思考者試圖從一個想法出發，以達到新的想法。

挑釁是綠帽思考的重要組成部分，並以「po」這

個詞象徵。挑釁用於讓我們跳脫出常規思維模式。設置挑釁的方法有很多，包括隨機詞語法（Random Word Method）。

水平思考（Lateral Thinking）是一套態度、方法和技巧，讓你能夠打破既定的模式，從自我組織的非對稱系統中開創新的概念和觀點。

藍色思考帽出場

　　想像一下頭頂的藍天，從整體的角度來思考，藍帽就是讓你思考的帽子。

　　藍色思考帽就像樂隊的指揮者。指揮者確保樂團在正確的時間完成應該做的事情，讓樂隊發揮最佳狀態。藍色思考帽就像馬戲團總監，管理思維、組織思維、過程控制。

　　在會議開始時用藍色思考帽來定義情境。可以找到問題的替代定義。藍色思考帽讓思維的目的更明確，藍色思考帽也讓要實現的目標更加清楚。

　　在一開始戴上藍色思考帽時，可以制定其他帽子的議程或使用順序。藍色思考帽還可以指定其他思維過程，即使不使用思考帽。藍色思考帽也能制定了思維「策略」。在會議期間，藍色思考帽保持紀律，確保與會者遵循相應

的思考帽。藍色思考帽還能宣布換帽子戴的時機。

通常情況下，藍色思考帽由主持人、主席或領導者佩戴。這是一個永久的角色。此外，在特定的藍色思考帽會議期間，任何人都可以提出程序建議。

在會議結束時，藍色思考帽要求總結會議結論。這可以是摘要、結論、決策的形式。藍色思考帽甚至可以表示已經取得進展。在最後的藍帽思考下，可以制定出下一步的計畫。這些可能是行動步驟或是對某些問題進一步的思考。

37

藍色思考帽

控制思考

思考你的思考。

思考指導。

組織思考。

控制其他思考帽。

戴上藍色思考帽我們就不再思考主題；此時我們思考的是，探究這個主題需要怎樣的思考。藍這個顏色象徵了整體控制，因為天空涵蓋一切。藍也代表了抽離、冷靜、掌握。

電腦遵照程式指令動作。藍色思考帽是人類思考的程式帽。

戴上藍色思考帽，我們能為思考排開計畫，縝密訂出每個步驟的細節。我們也能用藍色思考帽提供每個時間點

的指引。不同的芭蕾舞步仰賴編舞者安排串成；我們想整理思考步伐，就戴上藍色思考帽。

這樣一個思考是架構嚴謹的概念，跟認為思考如自由討論、並無大綱的觀念差別甚遠。

「我的藍帽思考明確建議，我們此刻必須尋找替代方案。」

「我們沒多少時間考慮這件事，所以一定要充分掌握每一秒。誰能給大家的思考提出一個藍色思考帽架構的建議？」

「我們到目前沒什麼斬獲。戴上藍色思考帽，我建議我們提出一些紅色思考帽思維來澄清誤解。對這個減少加班的提案，大家究竟有何感受？」

思考的走勢常有如浮木，只是隨遇而轉。眾人心裡明白應當要達成某種目的，但那東西卻始終隱晦，從不曾明確地以整體目標或次要目標的姿態現身。眾人提出各式建議、評斷、批判、資訊、情緒，拌成一鍋思考大雜燴。大家似乎就這麼瞎忙，直到有人恰巧找出可行方法為止。這根本是由負面批判所強烈主導的隨機探討，其背後假設

是：只要背景資訊充足，一群智力可以的人經過討論，自然有辦法列出幾種方案，再從中抉擇。

另有一種假設以為，思考通過經驗與限制的砥礪產生「進化後」、禁得起考驗的結果。進化是很直接的比喻。達爾文進化論中適者生存；思考中，最佳點子生存。大環境的嚴酷考驗被負面批判的嚴酷考驗取代。

在這類看法裡面，總以為參與思考者都已握有提案，最終選擇即在其中。而那些提案也許來自個人思考，也許來自某些「專家」。

在這本書中，我比較在乎的是地圖式思考：先探勘註記整個地形，繼而觀察可行的途徑，最終再決定要走哪條路線。

那置身事裡的人要說，他們無時不思索著問題，並非等到正式討論才動腦筋。是呀，這類討論與其為了思考，更多只在交換之前的思考結果。說到這兒，我們已很接近典型美式思考的辯證模式了。

我極盼望看到先有豐富的地圖式思考，再產出各種觀點，但事實極少如此。思考者根據經驗與偏見迅速形成觀點，再經由辯論加以琢磨。學校傳統寫論文的方法即典型代表：鼓勵學生開宗明義把結論擺在第一行，再撰文支撐該結論。思考被拿來做支撐工具，而非探索之用。同樣情形可見於政界及法庭，兩造起點皆已既定。

辯論的往返來回為思考提供能量，所以很多人會覺得在團體中思考比個別思考容易。因此單獨思考更需要藍帽架構。

若想採用地圖式思考就需要有架構。攻守不再能提供架構。探險家需要規畫路線，而思考者也需要某種組織架構。

藍帽架構或可為每個步驟畫出藍圖──就有如電腦程式。大多時候，藍帽思考能控制討論型的思考，就像馬車夫控制馬兒前進腳步。

「這個階段我們用白帽思考。」

「現在我們需要一些提案，需要黃帽思考。請提出具體建議。」

「各位請先保留黑帽思考，我覺得我們提出的想法還不夠。此刻讓我們來些綠帽思考。」

基本上那就是在傳統型的討論中，間或塞進一頂思考帽。

「我想聽聽每個人對此的紅帽意見。各位記得的

話，戴上紅色思考帽即可充分發表感受情緒，完全不用解釋。」

「或許你沒察覺，但你從剛剛到現在一直在用黑色思考帽思考——也就是負面評斷。你已經說了這行不通的理由，現在我要請你暫時切換到黃色帽思考，提出正面評估。」

「我不要你的想法或建議，我希望有幾分鐘純粹的白帽思考。未摻雜個人解讀成分的事實跟數據。」

「我想我們得暫停一下，來點藍帽思考。暫且擱下討論主題，我們究竟該如何組織思考？」

附帶說明：藍帽思考不僅限於指揮其他思考帽，也叫用來安排其他思考面向如：優先順序的評估、各種限制的陳述。

38

藍帽思考

焦點

正確提問。

界定問題。

指定思考任務。

焦點乃是藍帽思考的關鍵角色。厲害與差勁思考者之別，往往落在聚焦能力。這個思考應關乎什麼？光理解思考的粗略目的是不夠的。

「我們要集中準備一系列可能措施，以因應對手
的降價。」

「我們集中焦點，看看每個人對這個假期有何期
望。」

「傘跟廣告。普通雨傘怎麼拿來做廣告？我要一些不落俗套的點子。」

「如何讓滿意客人向親友推薦我們飯店？這是中心焦點。」

「大焦點是讓新客層消費我們的速食店；核心焦點是讓銀髮族在非尖峰時刻上門。」

焦點可大可小，大焦點中可有幾個小焦點。重點是必須確切陳述出來。藍色思考帽就是要拿來定義焦點，任何失焦討論都應用藍色思考帽控制。思考如何思考，絕不是浪費時間。

「戴上藍色思考帽我要說，我們已經離題太遠。確實有不少好點子，但跟我們設定的焦點都不相關。我們得回到正軌。請問誰還有其他藍色思考帽意見嗎？」

「請你戴上藍色思考帽說說你的想法，你認為我們有所進展嗎？」

提出問題是讓思考聚焦最容易的方法。大家常說：提出正確的問題大概是思考最重要的環節。遺憾的是我們常在事後──答案已經出來──才提出正確問題。而不管怎樣，留意問題的結構與焦點，無疑是藍帽思考的關鍵層面。

問題分為兩大類。一種叫「釣魚式」（fishing question），屬於試探型（就像拋餌出去，會釣到什麼不得而知）；一種叫「射擊式」（shooting question），用來檢驗，答案是非分明（就像拿槍射鳥，中或沒中一翻兩瞪眼）。

「做什麼不是重點，什麼時候動手才是。時間分秒必爭。此時此刻我們得考慮哪些因素？」

「問題在客戶是否真有理解到這保險帶來的稅賦利益，還是說這只是幫我們的業務員更容易賣保險而已？」

困局，其實不過是一種特殊問句：要如何達成此事？困局的定義至關重要，否則恐怕會得出不相干或麻煩複雜的解決方案。這是真正的問題所在嗎？我們為什麼要解決這個問題？背後藏著哪些問題？

「氣候寒冷不是真正的問題，問題在人們對冷天
的想法。這點我們可以改變。」

「問題不在於我們沒有雪，而在於我們沒滑雪
場。所以我們用巴士把觀光客送到滑雪區。」

與其主觀找出問題的最佳定義，最好準備一堆選擇。
這些都屬於藍帽思考。

藍帽思考者還得擔負指定思考任務一事。進行單獨思
考時，這點更加重要。

「我們來訂定這會議的目的。怎樣的結果叫做成
功？」

「首先請列出雙方同意的部分。」

「這回的思考任務是：務必想出決定此事的方
法。」

「列出有關學校教育的四個『意見敏感帶』」。

「戴上黑色思考帽，思考我們目前的廣告活動。」

思考任務可大可小，可要求某種成果，也可只要求在指定範圍內提供意見。

「我只要大家提出對電視購物這門生意的探測性想法。」

「我們要如何判斷他們的策略成功？」

「為何我們無法從這些選項做出決定？」

若一思考任務失敗，必須加以註記。

「我們始終無法解釋人們多吃糖的理由，我們待會兒再回到這個議題，看能不能提出一些可檢驗的假設。」

「我們還沒想出激發大眾吃羊肉的方法，也許我們應該把這個題目拆成幾個小題目來思考。」

藍帽思考者端著標的物說：「就是它。朝這方向射擊吧。」

39

CHAPTER

藍帽思考

程式設計

步步為營。

思考軟體。

編舞家。

　　軟體告訴電腦如何執行每個步驟，電腦不能沒有軟體。藍帽思考的其中一個功能就是為思考設計軟體。一體適用各種狀況的設計，確實可能存在；而在本章，我要談的則是為個別狀況量身設計的客製軟體。

　　「我們先用藍帽思考來設計我們想遵循的程式。」

　　「這個狀況非比尋常，我們該從哪裡著手？該思

考什麼東西？」

　　我在前一章結尾說過，六頂思考帽多半會在一般討論
／辯論型思考時交替插入，不時有人要求戴上象徵特定思
考的帽子。在這兒裡，我想嘗試寫正式程式的可能性，列
出步驟順序。

　　有一種自由舞蹈，舞者扣著主題即席演出。另一方
面，古典芭蕾則每個腳步都由編舞家清楚決定。我這裡要
講的，就是藍帽思考的編舞家層面。但請各位注意：這並
非藍帽唯一的運用方式。

　　我也要強調——如之前說過——藍帽程式可涵蓋更廣
的思考面向，不僅只六頂思考帽。

　　「我們應先分析設計這款童裝得考慮的所有因
　　素。」

　　「我們應該先從這場爭論中，整理出意見相同部
　　分（agreement）、意見相左部分（disagreement）、
　　不相干部分（irrelevance）。」

　　遇到不同情況程式也有差異。解決某問題的程式，不
同於設計船隻的程式；談判程式不可能同於決策程式。即

便同在決策範圍，兩個不同決策的程式恐怕也不一樣。藍帽思考者針對狀況改寫程式，就像木匠思考如何打造一把椅子或櫥櫃。

如果思考者對這個主題感覺強烈，最好就把紅帽意見排在第一位，好讓感受浮出表面。不這麼做，所有人都可能透過其他手法間接流露情緒，尤其是透過極端的黑色思考帽意見。當情緒明白呈現，思考者不再受此包袱羈絆，甚且會自覺要開始保持客觀。

下個步驟可能是白帽意見，好讓所有相關資訊攤在桌上。此外，整個思考過程也得不時用上白色思考帽——有點例行意味——以驗證不同觀點。

接著由黃帽端出現有提案及建議。此時可交互運用藍帽與黃帽，因藍帽思考可負責提問並點出有毛病之處。白帽也可貢獻以往解決類似問題的「經典」手法。

「我們過去在這種情形下的做法如下。」

「各位都曉得傳統處理方法，儘管如此還是容我再次說明。」

藍帽思考可先界定出焦點核心，隨即由綠帽思考匯集新概念，或者也可以有一段正式的綠帽思考時間，讓每個

人停下來丟出創意。

「我想看能否找出比較簡單的方法,將保險費納入個人現金流的計算裡面。」

「一定有更好的辦法賣書。我想請大家進行綠帽思考。」

至此,藍帽思考負責將各方提議彙整,分類或許如下:需要個別評估者、需要放大探討者、單純加以註記者。

然後白帽、黃帽、綠帽共同登場,進一步發展各個提案。這是建設性思考階段。

呼聲特別高的幾個選項浮出,這時僅用黃帽思考分別予以正面評估。

接著讓黑色思考帽負責過濾。黑色思考帽思考旨在點出哪些選項不可行;至於可行方案,也可透過黑帽意見討論其價值。

黃色思考帽與綠色思考帽意見這時上來克服黑色思考帽剛剛留下的任務:修正錯誤、改善不足、解決問題。

黑色思考帽再度上場拿起放大鏡,指出有哪些風險與缺失。

下一個時段可交由藍色思考帽說明截至目前的成果，並條列「路線選擇」策略。

紅色思考帽繼而讓大家表達對這些選擇的感受。

黃色思考帽及黑色思考帽混合主導下一步——尋找最符所需的選項。

最後藍色思考帽時段，針對如何執行，訂定出思考策略。

整個過程似乎相當複雜，但實際上每一步之間的連結極為流暢——就像開車換檔。

當我們準備照一套固定程式走，所有與會思考者都必須清楚步驟流程。原本急著插話表達黑帽意見的一人，會因為了解黑帽時段即將登場而耐性等待。

我們應記住：絕大多數的思考都是黑帽白帽的混合體——背後還藏著紅帽的情緒。

「這是我們面對這類狀況應該採取的行動。」

「這是你的提議行不通的原因。」

藍帽程式可由思考會議的帶頭者事先擬定，也可由全體透過藍帽思考共同設計。

40

藍帽思考

歸納與總結

觀察與概述。

評論。

歸納、結論、收成、報告。

藍帽思考者注視正在發生的思考。他是設計整個舞步的編舞家,卻也是觀看演出的評論家。藍帽思考者並非開車上路的駕駛者,他注視駕駛者同時記錄著路面情形。

藍帽思考者對其觀察可加以評論。

「我們花太多時間在這個事情了。我們不妨註明
眾人對此意見不同。」

「我們似乎都極關心這個營運造成的成本,卻還

沒討論究竟能否帶來任何利益；那當然應列為首要考量。」

「大衛，你一直重複強調這個意見。我們已將它列為高可行項目，稍後會進一步研究，而目前我們應該看看有哪些其他方案。這會議目的在探測，不是爭辯。」

藍帽思考者不時對正在發生的狀況與達到的成果做整體描述。他是那個站在白板旁整理選項的人。

「我們來歸納一下目前為止的收穫。」

「我來報告一下我們討論出來的幾個重點。待會兒如果有人不同意我做的整理，請告訴我。」

把看似一團混亂的討論理出模樣，這是藍帽思考者的任務。

儘管我以單一人稱描述藍帽思考者，這些個藍帽任務絕對可由與會全體共同負擔。一個藍帽思考者當然可以要求在場所有人把藍色思考帽戴上，扮演藍帽角色。

「我建議這裡暫停一下，請大家都戴上藍色思考帽；接下來幾分鐘，每人輪流歸納自己認為討論到目前有何成果。」

「大家輪流發表意見吧。請把藍色思考帽戴起來，說說各位覺得我們該怎麼做。」

藍帽思考者不時得做個歸納，最後也得負責總結。

「戴上藍色思考帽，我認為今天結論如下。」

「大家是否同意，上述確實是今天達成的結論？」

藍帽思考者要負責最後結論並準備報告。這並非意謂所有責任落在某一人身上（儘管不無可能）；真正的意義在於：每個思考者要能切換到藍色思考帽角色，正確而客觀地評論現場進行的思考。

藍色思考帽角色功能之一：如攝影師般，觀察記錄已發生與進行中的思考。

41

CHAPTER

藍帽思考

控制與監視

主席。

原則與焦點。

誰負責？

　　一般而言，所有會議都自然負有藍帽功能：維持秩序，確保流程如期進行。

　　也可指定主席之外一人扮演特定藍色思考帽角色，負責監督思考確實在主席訂定範圍內進行。當主席本身不善於監督思考時，即可如此變通。

　　我也要強調：會議中的每一人，都可行使藍色思考帽功能。

　　「我要戴起藍色思考帽說，布朗太太的發言在此

刻並不適當。」

「我要把我的藍色思考帽戴上指出，我想我們已經扯遠了。」

「我的藍帽思考告訴我，我們應該把這定義為關鍵問題，然後設法處理——也許現在，也許稍後。」

藍帽思考要確保大家遵守遊戲規則。這角色可由主席或指定藍帽思考者扮演，但所有人也都可以發言評論。

「現在是紅色思考帽思考時間，我們想聽你的感覺，不是你為什麼有此感受。」

「抱歉，那顯然屬於黑色思考帽思考，此刻不宜。」

「那不是綠色思考帽思考對待意見的作法。你不該評斷，而該使用轉移概念。」

「那真的是白色思考帽資訊嗎？比較像是紅色思考帽情緒呢。」

「藍色思考帽角色應該歸納各個意見，不該捍衛
其中任何一方。」

實際運用時，各頂思考帽難免互相重疊，不須斤斤計
較。像黃帽跟綠帽思考就可能頗多相疊；白帽紅帽亦然，
因為事實跟意見時常相混。

每講一句就換頂思考帽也不切實際。

重點是：當特定思考模式規範出來，大家就應盡力那
樣思考。現在是黃帽思考時段，就必須以黃帽模式思考。

若某段時間並未挑明該戴什麼思考帽，沒必要假設每
句發言都得註明屬於哪頂思考帽。而要是有人插進來對流
程進行表示意見，卻沒有正式聲明他戴著藍色思考帽，那
也絕對沒有問題。

話說回來，時不時地正式標明思考帽顏色極其重
要，不能僅靠言論內容自動判斷其所屬思考帽。盡力遵守
思考模式，這是最高指導原則；不然大家又陷入瞎扯、爭
論的模式裡。

藍色思考帽控制功能的主要任務之一是：打破爭辯。

「我認為土雞肉銷量提高是因為健康意識抬
頭。」

「我認為純粹是價格降低所致。」

此際，藍帽思考者可詢問是否有任何有助釐清這點的白帽資訊。

「既然無法擺平，我們可註明對此現象有兩種解釋，不必裁定何者正確。」

於是兩種觀點都放在思考地圖上。就此例而言，兩者皆可能為真，其他狀況兩種看法也許相互抵觸。無論如何都應加以記錄，稍後可再做討論。

「現在我們可回頭討論之前無法決定的那個問題。這會被視為掠奪式定價（Predatory Pricing）嗎？我們就直接把焦點擺在這兒。」

「瓊斯先生認為，假日價格保證可大幅提高業績；亞當女士認為不會，而且成本太高。我們花點時間研究這問題。白帽思考能提供任何資訊嗎？如果我們過去做過這類保證，代價如何？」

處理相反意見的一個有力辦法：假設每個意見在某種

情況下都是對的。

> 「什麼情況下，瓊斯先生的看法是對的？什麼情
> 況之下亞當女士會是對的？」

雙方都站得住腳了。接著就看哪種情況最合乎目前實際情形。

同理，我們可用另一方法來評估意見 —— 最適合的家。什麼是這點子最適合的家？

> 「這產品很適合享有市場優勢的大公司，那個產
> 品則頗適合想做市場區隔的小公司。好啦，我們
> 屬於哪一種？」

某些時候，藍帽思考者必須直截了當。

> 「我們似乎陷入爭辯了。我們先把兩種意見記
> 下，稍後再回頭討論。」

> 「我們現在不是辯論模式，是地圖模式。你有不
> 同看法就先寫下來，別老想證明你的才對。」

「兩位的意見都說清楚了，繼續下去就成了辯論，那可不是我們今天的目的喔。」

「你們可以不要吵了嗎？」

「我要二位用黃帽思考對方的意見，這該有助停止爭辯。」

有了藍色思考帽的正式性，思考者就大可不必像以前一樣拐彎抹角了。

42

CHAPTER

藍帽思考摘要

藍色思考帽是管控的帽子。藍帽思考者組織思考本身。藍帽思考，思考該以何種思考探索主題。

藍帽思考者有如交響樂團指揮，負責點選其他帽子的上場。

藍帽思考定義思考主題，制訂焦點。藍帽思考界定問題，擬定問句。藍帽思考指定整個思考任務。

藍帽思考負責歸納、概述、總結。這些可在思考進行間或走到尾聲時發生。

藍帽思考監督整個思考過程，確保大家遵照遊戲規則。藍帽思考阻止爭辯，捍衛地圖式思考模式。藍帽思考堅守原則。

藍帽思考可不時拿出戴上，指揮其他思考帽登場。藍帽思考也可用來制訂思考程序的每個步驟，好比編舞家之

於設計舞步。

即便已指派某人擔當特定的藍色思考帽角色，其他人仍有權發表藍色思考帽評論及建議。

43

CHAPTER

六頂思考帽的好處

　　在實戰經驗中，六頂思考帽最引人注目的一點是，決策似乎是自然而然地形成的。當戴上最後的藍色思考帽時，對在場的每個人都很了解決策。理論上這似乎難以置信，但常在實際執行後發生。我在倫敦的《金融時報》（*Financial Times*）簡短介紹這個方法的一週後，我收到了一封信，寄信人表示他正與妻子一起找房子。他們無法決定是否要買鄉村大房子。他們討論了好幾個小時。最後，這位男士建議用他在報紙上讀到的簡單的六頂思考帽法。他在信裡面告訴我，短短十分鐘內，他們就做出了決定，而且夫妻倆個都很滿意。

　　對於從未嘗試過這種方法的人來說，他們認為思考帽可以協助全面探索一個主題，並且隨之而來的應該是具體決策或設計階段。這個觀點忽略了紅帽、黃帽和黑帽的用

途，這些思考帽不僅提供資訊，還能用來評估。

如果你必須開車去某地，一起去的人對道路的了解很模糊，你們可能會對應該選擇走哪條路吵架。但如果有一張地圖，上面標明了道路、交通密度和路況，那麼要選出一條最好的路就變得容易多了。這個選擇對所有人來說都變得再明顯也不過。六頂思考帽也是一樣。

如果無法做出決策，那麼最後出場的藍色思考帽應該說明為什麼無法做出決策。在某個時候可能需要更資訊。可能存在無法協調的不同價值觀。因此最後的藍色思考帽可以設定一個新的討論焦點。然後這個新焦點可以成為一個新動腦會議任務。

特別的使用技巧

在最後的藍色思考帽時，如果需要，可以引入特別的決策方法。這些方法不應該因為六頂思考帽而被排除在外。但是只有在難以達成共識時才引用這些方法。在大多數情況下並不需要這些決策法，引用它們只會事情增加不必要的複雜。

看起來毫不費力

六頂思考帽讓決策看起來毫不費力，但這並不令人驚訝。畢竟，當我們獨自做決策時，或多或少都會經歷相同

的過程（利弊、感受、事實）。六頂思考帽從頭到尾完成了這些工作。因此以往的個人工作到了現在變得既系統性又資訊公開。

正如在任何其他決策過程中一樣，最終的決策可能很困難，甚至是不可能做出。它可能需要在兩個相互衝突的價值觀之間取得平衡。它可能很需要預測未來，並且無法消除未來的不確定性。在此，需要設計涵蓋兩個選擇的前進方式。如果這不可能做到，我們還是需要做出決策，我們就會做出紅色思考帽決策。

最終，所有的決策實際上都是「紅帽」決策。儘管我們列出了各種因素，但最終的決策還是以「情感」為主。

　　思考的頭號天敵是複雜，因為複雜而造成困惑。在清楚簡單的情況下，思考顯得輕鬆愉快有效率。六頂思考帽的概念不僅容易理解，且非常易使用。

　　六頂思考帽這概念有兩個主要目的。第一，簡化思考：讓思考者可以一次處理一件事。以往你同時被情緒、邏輯、資訊、期待、創意包圍，如今可以個別應付。以往你拿邏輯支持曖昧不清的情緒，如今可藉由紅色思考帽讓情緒直接浮上檯面，無須辯解。黑色思考帽則可處理邏輯層面。

　　第二個主要目的：允許思考切換。看到某人開會時一直相當負面，我們可開口要求他脫掉「黑色思考帽」，那人便可意識到自己不斷發表負面觀點。我們也可要這人戴上「黃色思考帽」，直接請他保持正面。如此一來，六頂思考帽提供了一種明確溫和的語彙；最重要的是，那可維護個人的人格或自尊。帽子概念將思考化為角色扮演甚至遊戲，要別人進行特定思考不再那麼困難。思考帽成為某種簡單的指示。

我不是說我們在思考的每一刻都得戴上某頂思考帽，沒那必要。偶爾我們希望依明文規定的順序使用這些思考帽，這種情況下就應當事先公布此步驟。大多時候，我們會想在討論中以某種形式戴上任一頂思考帽，也可如此要求別人。一開始或許會顯得有些奇怪，假以時日大家就能理所當然地開口要求。

　　很明顯的，在公司每個人都清楚遊戲規則之下，這概念的效果最大。舉例而言，習慣以開會討論事情者，都應該了解各頂思考帽的意義。一旦成為日常用語思考帽將可以發揮莫大的效益。

國家圖書館出版品預行編目(CIP)資料

六頂思考帽（全新修訂版）／愛德華‧狄波諾（Edward de Bono）著；劉慧玉譯. -- 初版.-- 臺北市：城邦文化事業股份有限公司商業周刊, 2023.07
　面；14.8×21公分
譯自：Six thinking hats
ISBN 978-626-7252-64-2（平裝）

1.CST: 思考

176.4　　　　　　　　　　　　　　　　　　112006510

六項思考帽（全新修訂版）

作者	愛德華‧狄波諾（Edward de Bono）
譯者	劉慧玉
商周集團執行長	郭奕伶

商業周刊出版部

總　　監	林 雲
責任編輯	盧珮如
封面設計	賴維明
內頁排版	邱介惠
出版發行	城邦文化事業股份有限公司 商業周刊
地址	115020 台北市南港區昆陽街 16 號 6 樓
	電話：(02)2505-6789　傳真：(02)2503-6399
讀者服務專線	(02)2510-8888
商周集團網站服務信箱	mailbox@bwnet.com.tw
劃撥帳號	50003033
戶名	英屬蓋曼群島商家庭傳媒股份有限公司城邦分公司
網站	www.businessweekly.com.tw
香港發行所	城邦（香港）出版集團有限公司
	香港灣仔駱克道 193 號東超商業中心 1 樓
	電話：(852) 2508-6231　傳真：(852) 2578-9337
	E-mail：hkcite@biznetvigator.com
製版印刷	中原造像股份有限公司
總經銷	聯合發行股份有限公司 電話：(02) 2917-8022
初版 1 刷	2023 年 7 月
初版 2.5 刷	2024 年 4 月
定價	320 元
ISBN	978-626-7252-64-2（平裝）
EISBN	9786267252659（EPUB）／ 9786267252666（PDF）

藍學堂

學習・奇趣・輕鬆讀